**Kanaksta**
herausgegeben von
Joachim Lottmann

**QUADRIGA
GENERATION
BERLIN**

# Kanaksta
Von deutschen und anderen Ausländern

HERAUSGEGEBEN VON
JOACHIM LOTTMANN

QUADRIGA
GENERATION
BERLIN

Die Deutsche Bibliothek –
CIP-Einheitsaufnahme

*Kanaksta:* von deutschen und anderen
Ausländern / hrsg. von Joachim Lottmann
Berlin: Quadriga, 1999
ISBN 3-88679-333-8

© 1999 by Ullstein Buchverlage
GmbH & Co KG, Berlin
Quadriga Verlag

Alle Rechte vorbehalten
Satz: Rainer Zenz, Berlin
Druck und Bindung:
Grafischer Großbetrieb Pößneck
Einbandmaterial und Vorsatz:
f-color von Gebr. Schabert, Strullendorf
ISBN 3-88679-333-8

# Inhaltsverzeichnis

- 7 Feridun Zaimoglu, An Stelle eines Vorworts
- 10 Selim Özdoğan, Am Bahnhof
- 17 Osman Engin, Getürkter Türk
- 21 Suzan Gülfirat, Kesik burun
- 23 Feridun Zaimoglu, Eure Coolness ist gigaout
- 33 Mireille Onon, PAL/SECAM
- 40 Suzan Gülfirat, Die sogenannte *Zweite Generation*
- 46 Nicole Bertram, wie gülsün zur welt kam
- 53 Hung-min Krämer, Auslenderr
- 62 Tanja Dückers, Die Suche nach Montserrat
- 76 Joseph von Westphalen, Der bestrafte Kahlkopf oder Lustig ist das Zigeunerleben
- 79 Ilija Trojanow, Die doppelte Bürgschaft
- 82 Leander Scholz und Michael Zöllner, Mustafa der Ausputzer
- 86 Joan Kristin Bleicher, Unterwegs im Dazwischen
- 96 Zehra Çirak, Vom Orientexpreß zum Intercity
- 101 Zehra Çirak, Voyageur
- 102 Bernhard von Guretzky, Tansu
- 109 Mariola Brillowska, Keine Zeit
- 113 Emel Yildirin, An solchen Tagen muß man Kopftuch tragen
- 119 Willi Bock, Der Fall Mehmet
- 132 Feridun Zaimoglu, Vaters Redemachen über den ungeratenen Sohn
- 135 Young-Mi Kuen, Sommerzeit
- 138 Özay Fecht, Ich hab Deutschland plötzlich so gemocht
- 143 Mithu M. Sanyal, Pholans Entjungferung

149 Ina Brox, Sylvester 2000
159 Stan Lafleur, miniaturen aus den zeiten
    der kohlära
169 Frank Hornung, Sima Qians Geschichtliche
    Aufzeichnungen


170 Über die Autoren
176 Quellennachweise

# Feridun Zaimoglu
## An Stelle eines Vorworts

EIN PAAR GRUNDLEGENDE Betrachtungen zum Stoff und zu den Aufgaben eines Bauern-ArbeiterKindes, das in der angekommenen Kultur die eigene Hoheit erschnüffelt.

Wenn man als ungar Verkneteter reinmacht in das deutsche KulturNiwo, so stellt sich vor dem Machtverhältnis erst einmal die Frage nach Bedarf und Bedürfnissen der Alemannen. Sie begehen friedlich ihr Tagewerk, wie beherrscht man aber ihre Träume? Auf diesen Atmosphärenteil rückt der stammfremde Jungmensch an, denn er will lieber das entfesselte Heidenkind als die Portalfigur im Weingarten des Herrn mimen. Im Anfang steht das Trübnis, einen Trumpf finden zu müssen, der sticht. Also durchstreift man die Ideendepots der Einheimischen auf der Suche nach dem TOP SNACK im AROMATRESOR und stößt auf Mittelstandsgram und Witzischkeit. Sie, die Deutschen, sind zwar formschlüssig befestigt und haben ihre Amts- und Lebensabläufe. Sie weisen sich zwar aus mit ihren Statustrautheiten und fegen das Stück Pflaster vorm Haus blank. Aber sie wollen raus aus der Knappheit und der Angst des Pathologen vor der Leiche ohne Gesicht und Zähne. Ein Kulturerzeugnis in deutschen Landen sollte gut abgehangen sein, aber wehe dem, der den Bolzenschuß inszeniert. Aufs Papier gehört gefälligst ein popcharmantes Mischmenu geknallt, ein bißchen Lebensabseite, ein paar Stadtbekanntschaften, die sich in irgendeiner Story verschrägen und ihre Mitte finden und ihre Typlästigkeiten ablaufen und in Liebe und Liebschaft abspannen und ... Spätestens jetzt, nach all den Laufwegen zum Zwecke des Stoffpartikelstudiums, will die Losung gesetzt sein: »Ich verdau' euch alle!« Auch ich hatte mal die Faxen dicke und brüllte: »... Nieder mit dem Seminarstänkerer! Nieder mit dem

Banner des Miserabilismus! Nieder mit dem hohlen Witz und seinem Echo in der hohlen Gasse!« Wann und ob das Bauern-ArbeiterKind den Rappel kriegt, und fürderhin mit dieser Münze heimzahlt, mag an anderen Wechselstuben der Kultur verhandelt werden. Wichtig bleibt für ihn, daß es die ewig trüben Konflikte in Ton-Bild-Schrift mit nicht einem aber einigen Zungenschlägen parieren will und muß. Da will aber ein eigentümliches Personal an den Schleusen gedrückt werden, am Portier des Club Deutschland vorbei, direkt vor die Sichtlogen des zahlenden Publikums, das sich den Abend zum Goutieren freigenommen hat. Kultur ist Imbißstand, basta, das muß auch dem letzten Rauhbauz und Kümmelautonomen in den Schädel hineinfunken. Daß er später der Presse messerscharfe Authentizitätssplitter diktiert und sich aber jede ghettoeske Blechigkeit verbittet, trübt sein Wässerchen nicht. Im Gegenteil, das Feuilleton ist dankbar für jeden offen ausgelegten Widerspruch. Und, damit es ein für alle Mal klar ist: das Föjöton hat sich nicht verschworen, des Anatoliers Mobilismus tückisch abzubremsen. Sobald unsereiner seine Eigenmacht nach außen stülpt, hat der Kritiker seinen Füllfederhalter gezückt und benotet. Das ist sein Job, und er macht es bei den deutschen Buben und Mädchen nicht anders, Freunde. Unser Kunstprodukt findet Abnehmer oder nicht viele oder gar nicht. Die erste Lektion des BauernArbeiterKindes heißt also: Ich bin ein Angebot. Ich bin mehr als zwei Kulturtanks! Ich verdau' euch alle!

## Ein weitverbreiteter Blödsinn:
## Das lässige Zappen im Miljö.

Von denen, die sich auf die Verortungsfrage ihres KanakKulturPakets hin ausweisen, geben die allermeisten ihre Hausanschrift an: Ich bin Kieler! Ich bin Hamburg-Altonaer! Ich bin Hamburg-Mannheimer! Mal davon abgesehen, daß die BindestrichIdentität denselben Schmus vormacht wie die singuläre, hat man damit keineswegs dem herrschenden Klärungsbedarf die lange große Nase gezeigt. Das eine oder andere Jurymitglied in der einen oder anderen Geldvergabestelle wird es gern vernehmen, insofern zeigt sich das BauernArbeiterKind als gesellig-spielerischer Partisan, den man nicht erst aus einem Pöbelregiment herausnehmen und die Ohren waschen muß. Der ausdrücklich Kiezherkünftige ist ein Riß im Tuch des Trachtentümelnden, wenn ich hier mal eine kluge Phrase anbringen darf. Doch das Miljö, dem man in wie vielen Etappen auch immer entlief und zu dessen gewissen Anteilen man eine Verbindung konstruiert, setzt sich eben nicht nur aus dem strengen Elternhaus und den taffen Gangbangern auffer Straße zusammen. Wer zwischen zwei festgefrorenen Bildern sein Erzählgarn spinnt, hat eine recht pingelige Mitteilung und damit ein Problem beim Publikum. Der Fundamentalkonflikt ruft nach Fundamentalisten, nach dem metropolitanen Bekenner, der sein Aroma Plus an Mehrwert leichtsinnig verspielt, wenn er nicht mehr hergibt als die üblichen Figuren zwischen zwei Übeln: Vatis Moralplunder oder schöne deutsche blonde Frau; Scheitan-freie Zone auf dem Gebetsteppich oder Gebietsanspruch im Revier; Malochermacker in der Montagehalle oder Wohnsilomucker mit herbem Gängsterknick in der Pupille. Migrantenschreibe der Siebziger ist erledigt, das weiß mittlerweile jeder Rathauslinke, und wer noch einmal in irgendeinem Buch oder Film einen Hippi figuriert, dem wünsche ich schlimmsten Halsdreck an den Jungmannanzugskragen. Ein beherzter Tumultuant im Kultursektor täte gut daran, nicht jede Eingebung aus der TeenieStube in Gips zu stecken. Der einsame Applaus des Kenners in der ersten Reihe zählt nicht. Den Kulturbrüchigen adelt nicht sein Miljö (Vorsicht: verschmuste Sozialromantik!) und nicht die vielen Zerknüllungen in der Personalakte (Vorsicht: Egokrisenaufzeigung mit der Handkamera!). Wer eine gute Geschichte zu erzählen vermag, ist für eine vorgesehene Weile der King im Ring. Gutes Aas schmeichelt sich aromatisch ins Maul, das, und zu allererst das, lernt man im Miljö.

# Selim Özdoğan
**Am Bahnhof**

AM BAHNHOF BLIEB ICH UNSCHLÜSSIG
vor dem Zeitschriftenladen stehen. Ich las keine Zeitungen, mich interessierte nicht, was in der Welt vor sich ging, es war immer dasselbe, Verbrechen, Morde, Kriege, Steuerhinterziehung, Machtkämpfe, wenn man das Prinzip erst mal begriffen hatte, brauchte man den ganzen Schmus nicht wieder und wieder zu lesen. Ich hatte keinen Schimmer, ob die Dinge sich zum Besseren oder Schlechteren hin entwickelten, aber im großen und ganzen war das hier ein Müllplatz von einem Planeten und der Mensch eine erschreckende Bestie, wahrscheinlich zum Untergang verurteilt.

Ich versuchte, so gut es ging, in meinem eigenen Universum zu leben, mich nicht von den Sachen gefangennehmen zu lassen. Politiker logen immer schlechter, Terrorismus lohnte sich bei solchen Typen gar nicht mehr, und solange ich es schaffte, aufrecht durch die Welt zu gehen, war mir der Rest fast egal. Ich fühlte mich nicht zum Missionar berufen, ich sah nicht, was es ändern sollte, wenn ich über die Geschehnisse informiert war und mitreden konnte. Ob die Linken oder die Rechten an der Regierung waren, machte doch keinen Unterschied mehr. Ein gutes Leben ist die beste Rache. Sich politisch engagieren für dieses oder jenes schien mir aussichtslos, ein wenig so, als würde man versuchen, die Erde mit Teppichboden auszulegen. Ich zog mir lieber Schuhe an und versuchte auch noch einige Paar zu verschenken, das erschien mir aussichtsreicher. Wenn man etwas verbessern wollte, mußte man bei sich selbst anfangen.

Ich kaufte mir zwei Illustrierte mit nackten Frauen darin, die meisten würden natürlich wieder nach Plastik aussehen, aber manchmal war auch eine schöne dabei. Die Artikel waren bisweilen auch nicht schlecht, sie vertrieben einem die Zeit, und ich haßte Bahnfahren, auch wenn es nur fünf Stunden waren.

Früher war ich öfter mit dem Auto unterwegs gewesen, das hatte Spaß gemacht, es war ein Stück Freiheit, allein schon deswegen, weil man die Musik so laut aufdrehen konnte, wie man wollte.
– Hey, Alter, lan, was machst du denn hier?
Ich drehte mich um – Celal. Wir gaben uns die Hand und küßten uns.
– Bahnfahren, Abi, Celal Abi. Wie gehts, was treibst du, wir haben uns ja ewig nicht mehr gesehen.
– Aach, idare ediyoruz işte, sagte er, irgendwie bleibt man halt am Leben. Und du, was machst du? Hast du die Schule fertig gemacht?
– Ja, lan, ich habe sogar angefangen zu studieren.
– Gut. Aber sie haben dich nicht gelassen, ne?
– Ich hatte doch keine Lust, ich hab einfach aufgehört.
– Und jetzt so?
– Ich schreibe Bücher und Artikel für Zeitschriften.
Es war mir peinlich, ich war kein bißchen stolz darauf, ich schämte mich und wußte nicht, warum. Ich hätte lügen können, aber das wollte ich nicht, Celal war eine Zeitlang so etwas wie ein großer Bruder für mich gewesen.
– Bücher, so richtig im Laden, mit deinem Namen und alles?
Ich nickte einfach nur.
– Iyi be koçum, einer muß es denen ja zeigen, die ficken uns immer, weißt du ... Haste mal ne Kippe?
– Ich rauch nicht mehr.
Er sah mich ungläubig an. Ich hatte keine Lust es zu erklären. Er hatte mit zwölf oder 13 angefangen, Marlboro natürlich, sein Vater hatte ihn verprügelt, als er dahinterkam. Vier Jahre später war er einer der Älteren bei den Türkboys und hatte als erster angefangen zu kiffen, er hatte es sozusagen eingeführt. Das erste Mal, so erzählte er, hatte er es ausprobiert, als er ein Tütchen Gras in einer der Lederjacken fand. Die Jacken und die Radios, seine ersten Anzeigen.
– Anlat, abi, was geht denn bei dir ab?
– Boşver, sagte er, laß uns über etwas anderes reden.
– Mein Zug kommt in ein paar Minuten, kommste mit hoch aufs Gleis?
– Komm, sagte er und legte mir den Arm um die Schulter, meistens störte mich das, aber ich hatte ihn mal bewundert, er

wird immer einen Platz in meinem Herzen haben, egal, was passiert.

Oben schnorrte er sich eine Kippe von jemand, rauchte, spuckte auf den Boden, ging beim Reden auf und ab.
– Bist du denn reich jetzt?
– Damit läßt sich nicht viel Geld verdienen.
– Weißt du, lan, wenn ich 'nen guten Kopf hab, denk ich manchmal, ich schreib das alles hier auf, weißt du, oğlum, mein Leben, von Anfang bis jetzt.
– Dann setz dich hin und schreib.

Er schüttelte den Kopf, als wäre es aussichtslos, als bräuchte man es tatsächlich nicht zu versuchen, weil die Chancen gleich Null waren.
– Ne, lan, ich schaff das nicht, es ist wie Krieg jeden Tag hier, wir leben hier nur zweiter Klasse, weißt du doch.

Ich wußte so ungefähr, was er meinte. Man wurde hier oft genug zum Türken gemacht. Wenn irgendwo eine Tür aufging, und du gingst rein, konntest du dir fast sicher sein: Du bist der Ausländer.

Nicht der Filmemacher, der Liebhaber, der Maler, der Basketballspieler, der Dealer, nicht der Großherzige, der Sympathische, der Kleinkarierte, nicht der Dicke, der Große, nein, wenn irgendwo eine Tür aufging, dann wußtest du schon: Du, deine Arbeit, deine Persönlichkeit, gut, lassen wir das mal beiseite. Wie stehts mit der Nationalität? Würdest du dich als Deutschtürken bezeichnen, als türkischstämmigen Deutschen, oder …?

Fick dich ins Knie, ich schreibe Bücher.

Was immer mein Vorteil gewesen ist, ich wollte schreiben, um jeden Preis, ich hatte immer etwas gehabt, woran ich mich festhalten konnte.

Celal tat mir leid, eine ganze Zeitlang war er ein König gewesen, ein kleiner Pate, sein Wort galt viel, man hatte Respekt vor ihm, und nun stand er mir so gegenüber. Er schien die beste Zeit seines Lebens schon hinter sich zu haben. Auf einmal wußte ich auch, warum ich mich schämte. Es war der Erfolg. Als wäre es irgendwie nicht statthaft und ihm gegenüber unfair, ich kam mir vor, als hätte ich etwas ermogelt oder verraten.

Mein Zug fuhr ein, ich fragte Celal, ob er Geld brauche, wir seien doch Brüder, und Brüder teilten. Ich wollte ihn nicht beschämen.

– Ja, sagte er, und ich steckte ihm einen Hunderter zu. Scheiße, wenn er einfach so Geld annahm, mußte es ihm ganz schön dreckig gehen. Wenn die Not größer ist als dein Stolz, dann ist es schwer, den Kopf oben zu behalten. Wir umarmten uns, und ich biß mir auf die Lippe und versuchte die Tränen zurückzuhalten.

Dann saß ich im Zug, draußen regnete es, ich dachte an Celal und all die anderen Jungs. Ich war ein Außenseiter gewesen, ich hatte nie richtig dazugehört, aber ich erinnerte mich gerne an die Zeiten zurück, ich war immer Celals Liebling gewesen. O iyi çocuk, rahat birak onu ulan. Wie oft hatte ich das gehört.

Wir hatten an den Tischtennisplatten rumgehangen, auf'm Spielplatz, manchmal waren wir einfach U-Bahn gefahren, aber meistens hatten wir nichts getan. Von der Schule kommen, Tasche in die Ecke schleudern, essen und raus, wir hatten dagehockt und geredet, rumgelungert, Unsinn gemacht, manchmal Mülleimer demoliert oder uns irgendwie anders bewiesen, losgezogen ohne Ziel. Bei Regen hatten wir uns zu acht oder neunt in die Lok auf dem Spielplatz gequetscht, im Winter brauchte ich fast eine Stunde, um zu Hause wieder warm zu werden, aber es erschien uns alles richtig.

Meine Mutter wollte nicht, daß ich mich mit diesen Typen rumtrieb, oft mußte ich zum Abendessen zu Hause sein und durfte danach nicht mehr raus. Sie hatte wahrscheinlich Angst vor dem schlechten Einfluß der Älteren, sie ahnte jedoch nicht, was alles abging und was ich davon mitbekam, aber sie tat immer so allwissend, daß es ein leichtes war, sie mit Lügen zu beruhigen.

Später war das Ganze in eine Richtung abgedriftet, in die ich nicht wollte, zuviel Gewalt und zuviel Ärger, ich hatte Angst, Gesetze zu brechen. Ich hatte alleine zu Hause gesessen und mich einsam gefühlt, und bald nach der Schule war ich in eine andere Gegend gezogen, weil meine Eltern die Wohnung aufgaben, und so hatte ich auch die letzten Kontakte verloren.

Von einigen hörte ich manchmal noch, Orhan arbeitete in der Fabrik, Kerim dealte, Veli war in der Türkei, Nurettin studierte Germanistik, Oktay hatte eine Lehre als Feinmechaniker gemacht, und Cem, Cem war irgendwie Schauspieler geworden. Ich hatte ihn eines Tages im Fernsehen gesehen, ich war drei Tage lang selig gewesen, hatte es jedem erzählt. Hey, den kenne ich. Es war so herrlich, sich über fremdes Glück zu freuen, man hatte einfach keine Ahnung. Wenn es dazu kommt, in einer Haut zu stecken und ein ganzes Leben zu leben, ist das Glück meistens auch nur ein kleiner Teil davon. So aber kann man sich wunderbar die Rosinen rauspicken. Wenn man den ganzen Kuchen selbst gebacken hat, dann macht das keinen Spaß.

Ich starrte aus dem Fenster, Mist, ich hätte Celal gerne geholfen, aber ich wußte nicht, wie das gehen sollte. Es tat mir einfach weh, ihn so zu sehen, ich wollte, daß dieser Schmerz aufhörte, seiner und meiner. Und ich sah keine Möglichkeit, in vier Stunden würde ich aus diesem Zug hier steigen, und in acht Stunden würde ich ihn fast vergessen haben, ich würde mich höchstens noch ein paar Tage auf eine vage Art unwohl fühlen.

Ich hatte immer noch einen gewissen Respekt vor Celal, seltsam eigentlich, die Tränen kullerten mir runter, vielleicht lag es auch am Wetter, am Tod, an der Vergänglichkeit, ich fühlte mich schwach und wünschte das Leben könne wieder so sein wie damals an den Tischtennisplatten.

Ich schämte mich meiner Tränen nicht, das tat ich fast nie, es war sehr schön, sich ab und an einfach gehenzulassen, aber als diese beiden Männer das Abteil betraten, drehte ich den Kopf weg und wischte mir schnell das Nasse aus den Augen. Ich wollte nicht gefragt werden, was los war, ich wollte allein sein mit diesen Dingen, ich wollte nicht vor fremden Leuten weinen, so verzweifelt war ich noch lange nicht.

Ich schloß die Augen und legte den Kopf zurück, man gerät bisweilen an kontaktfreudige Menschen, und das war das letzte, was ich jetzt brauchte. Ich hatte sie nicht richtig gesehen, aber als ich sie reden hörte, war mir schon klar, wie sie aussahen.

Sie sprachen über Literatur, irgendwie verfolgte mich das, sie redeten von inhaltsleeren Unterhaltungsromanen, von nationalem kulturellem Erbe, von Bildung, von fehlbelesenen Abiturienten, das war eine Wortkombination, die mich fast schon schmunzeln ließ, von der grotesken Ahnungslosigkeit meiner Generation, die sich durch Unkenntnis der Klassiker auszeichnete, dem Niedergang der abendländischen Kultur, die jungen Leute kannten sich selbst nicht mehr, ihnen war nicht mehr zu helfen, sie waren für Gott und die Welt verloren, da waren sie sich einig.

Dann kamen sie auf meine jungen Kollegen zu sprechen, der jüngste fast zehn Jahre älter als ich, sie fanden für den einen oder anderen sogar ein lobendes Wort. Ich fand, sie schrieben fast alle dunkel und unklar, außerdem mußte man sich heutzutage einen Anschein geben, man mußte politisch sein, trashig oder internetbezogen, gebildet und postmodern, man mußte die Gefühlskrise der Gesellschaft analysieren wollen, soziale Ungerechtigkeiten thematisieren oder die Literatur zwanghaft in die Kneipen zerren. Es reichte nicht, wenn man einfach nur schrieb, weil man die Menschen berühren wollte.

Besonders hoch im Kurs standen immer die Autoren, von deren Geschreibsel ich entweder kein Wort verstand oder mich jedes Wort langweilte.

Ich verstand nicht, in was für einer Welt diese Bildungsbürger lebten, sie waren schnell bei der Hand mit schlauen Sprüchen, sie sahen die Probleme in einer Klarheit, die mir immer verborgen bleiben würde, sie begriffen die Zusammenhänge, ja, sie hatten einen klaren Verstand, scharf wie ein Rasiermesser, und sie waren stolz drauf. Für sie war das Leben eine Schule, in der sie es zum Oberlehrer gebracht hatten. Und ich, ich glaubte nicht an Autoritäten, ich gehörte nicht zu denen, die eine Lehre zu verbreiten hatten, sondern ich versuchte zu erklären, daß die Schule aus ist.

Ich überlegte kurz, ob ich mich in ihr Gespräch einmischen sollte, ob ich das tatsächlich wollte, mit ihnen zu reden, mit der Bildungselite dieses Landes.

Ich hatte fast nichts mit ihnen gemein, aber sie kamen und packten mit ihren wissenden Fingern all diese Bücher an, steckten überall ihre Nasen rein und sprachen wortgewandt über Dinge, von denen sie keinen Schimmer hatten.

Ich machte die Augen auf und erkannte beide. Der eine war Redakteur bei einem Magazin und hielt seine Fresse immer gerne in die Fernsehkameras und der andere, der arbeitete bei einer angesehen Zeitung im Süden. Dieser graumelierte, akkurat gestutzte Vollbart, die Brille, die Stirnglatze, der Bauch, dieser Gesichtsausdruck, den man wahrscheinlich unweigerlich bekommt, wenn man glaubt, das eigene Leben besitze mehr Qualität als das der anderen. Denn man genießt ja regelmäßig erlesene Speisen, Kaminfeuer, gute Weine, Theaterstücke und dergleichen, man gehört ja zu denjenigen, die wissen, daß man Erdbeeren nicht mit Schlagsahne essen kann, weil die den Geschmack verdirbt, an Erdbeeren gehört ein Hauch Ingwer …

Hier saß mir der Mensch gegenüber, der mich mehr oder weniger für Abschaum hielt, sprachlich und stilistisch hatte ich nichts zu bieten, einen erschreckend geringen Wortschatz und einen langweiligen Jargon hatte er ausgemacht, dauernd kamen Rauschgifte in meinen Büchern vor, in meinem jugendlichen Leichtsinn verachtete ich die Menschen, mein grenzenloser Narzißmus war kaum zu ertragen, keine einzige Idee hatte ich aufzuweisen, ich war ein Wiederkäuer, ja, ich hatte noch nicht mal ein eigenes Leben, hatte er geschrieben, ich lebte nach, was die bösen Medien mir vormachten, ohne Sinn und Reflexion.

Ich sah ihn mir genau an, er erkannte mich nicht oder ignorierte mich, so oder so, es war mir egal. An dem Tag, an dem dieser Typ mich mit Lob überschüttete, würde ich bestimmt das Gefühl kriegen, etwas Grundsätzliches falsch gemacht zu haben. Ich war ihm dankbar. Kein Unheil ist größer, als ohne Feind zu sein.

# Osman Engin
## Getürkter Türk

DAS FERNSEHTIIM HAT SICH IM WOHNzimmer breitgemacht, und alle meine Nachbarn, Freunde und Kollegen haben in den übrigen Räumen Stellung bezogen. Der hiesige Regionalsender will einen großen Bericht über den berühmtesten Sohn unserer Stadt drehen. Stolz frage ich meine Tochter:
»Na, Hatice, wer ist wohl die berühmteste Persönlichkeit unserer Stadt, über die jetzt ein Film gedreht wird?« Mit einer unscheinbaren Augenbewegung deutet Hatice auf ihr Sparkamel (Türkische Kinder haben keine Sparschweine)! Wie kann denn ein sechsjähriges Mädchen so materialistisch sein?! Als ich so alt war wie sie, wäre ich nie auf die Idee gekommen, Geld dafür zu verlangen, meinen leiblichen Vater öffentlich zu loben. Eine Tracht Prügel war damals völlig ausreichend. Wie zufällig lasse ich unbemerkt ein Mark-Stück in ihr Sparkamel fallen.

»Nun, sag schon, Hatice, wer ist wohl der berühmteste und bestaussehende Papa in unserer Stadt?« Aber Hatice verdreht nur die Augen. Ich weiß genau, was sie sagen will: »Für eine Mark putze ich mir nicht mal die unteren Zähne!« Seit kurzem müssen wir sie nämlich dafür bezahlen, daß sie sich ihre Zähne putzt. Meine Tochter ist geldgierig, bösartig und durchtrieben: ich bin stolz auf sie. Sie wird's weit im Leben bringen! Weiter als ihr Vater! Als noch ein blitzendes Fünfmarkstück in ihrem Porzellankamel verschwindet, wird Hatice schlagartig gesprächiger. »Sie wollen einen Film über dich drehen, hochverehrter Papa! Denn du bist der berühmteste Mann in unserer Stadt! Osman Engin, das größte Genie unter Allahs Sonne! Ögh, ich muß aufs Klo, kotzen!«

»Ich will sofort meine sechs Mark wiederhaben«, tobe ich.

Den ›Partnertausch‹ hat man bereits erfunden, wer erfindet endlich den ›Kindertausch‹?

»Ja, liebe Nachbarn, das sind halt die negativen Seiten des Berühmtseins. Jeden Tag ist ein anderes Fernsehtiim hier«, sage ich in die Runde. Meine Kumpels brauchen doch nicht zu wissen, daß ich heute zum ersten Mal in meinem Leben eine leibhaftige Fernsehkamera zu sehen bekomme. Ich rufe meine Eltern im Kaukasus an und erzähle denen 20 Minuten lang, daß ich leider sofort wieder auflegen muß, weil gerade von mir erneut Fernsehaufnahmen gemacht werden. Wenn sie wollen, können sie das auch allen Bekannten im Dorf erzählen, sage ich gönnerhaft. Als mein Vater zu schimpfen anfängt, weshalb ich mich seit einem Jahr nicht gemeldet hätte, lege ich schnell auf.

»Wieso denkst du eigentlich, daß sie wegen deinem Buch da sind?« stänkert mein Sohn Mehmet, dieser ewige Student. »Dein Buch ist doch kein einziges Mal verkauft worden. Für den Quatsch interessiert sich kein Schwein. Nicht mal der Altpapiersammler!«

»Wann wirst du endlich kapieren, daß nicht die Verkaufszahlen wichtig sind, sondern nur mein künstlerisches Genie!«

»Kein Mensch will dein Buch haben, nicht mal als Geschenk«, lästert mein Sohn, den ich hiermit offiziell zum Kindertausch anbiete. Ich bin mit allem einverstanden, was als Tauschobjekt angeboten wird. Egal ob Ziege, Katze, Hamster oder Kakerlake. Hauptsache gleichwertig!

Eine große, blonde Frau schüttet mir im Flur zwei Pfund Puder über den Kopf.

»Herr Engin, ich kann machen, was ich will«, ruft sie verzweifelt, »Ihre Glatze glänzt immer noch wie der Vollmond!«

»Soll ich nicht doch meinen Hut aufbehalten?« frage ich. Nach dem sie ihr gesamtes Pulver verschossen hat, ist sie damit einverstanden.

Der Aufnahmeleiter brüllt in sein Megaphon und fordert alle auf, ihre Plätze einzunehmen. Der Regisseur nimmt mich zur Seite und sagt: »Herr Engin, Sie gehen jetzt ganz locker in Ihr Wohnzimmer, setzen sich zu Ihrer Frau aufs Sofa und schauen dann in den Fernsehapparat. Los gehts!«

Ich will in mein Wohnzimmer rein, aber lande prompt in einem orientalischen Basar aus dem 16. Jahrhundert.

»Was ist denn hier passiert?« stottere ich ungläubig.

»Wir haben Ihr Wohnzimmer etwas umdekoriert«, sagt der Regiesseur, »passend für einen türkischen Gastarbeiter.«

Die haben mein Wohnzimmer total getürkt: neonfarbene Teppiche mit Atatürk- und Bosporusbildern hängen an allen Wänden. In jeder Ecke hat man einen Riesen-Samovar hingestellt, und auf dem großen Marmortisch haben sie einen kompletten Döner-Stand aufgebaut. Meine Töchter tragen große Tischdecken als Kopftücher. Kindergeschrei wie auf einer Geburtsstation plärrt aus einem Kassettenrekorder neben der Kamera. Auf dem Sofa sitzen neben meiner Frau Eminanim noch zwei weitere wildfremde, potthäßliche Frauen mit schwarzem Ganzkörperschleier.

»Wer sind die denn?« frage ich überrascht.

»Das sind Ihre beiden anderen Ehefrauen«, klärt mich der Regisseur auf, »welcher Orientale hat denn schon nur eine Ehefrau?! Außerdem sind die beiden keine Frauen, sondern unser Beleuchter und unser Fahrer. Setzen Sie sich einfach hin zu denen und schauen Fernsehen.«

»Kann ich nicht wenigstens rein zufällig mein Buch in die Kamera halten?«

»Nein, nein, das ist untypisch! Welcher Türke kann denn schon lesen oder schreiben? Bleiben Sie zwischen den drei Frauen so sitzen und hauen Sie denen beim Fernsehengucken ab und zu brutal auf den Kopf!«

»Kann ich den dreien nicht wenigstens mit meinem Buch auf den Kopf hauen?«

»Ruhe jetzt! Wir drehen schon längst.«

In dem Moment springt unser Hausverwalter, Herr Sievers, vor die Kamera und rudert mit beiden Armen wie wild durch die Gegend. »Ich grüße alle meine Kumpels aus dem Kegelverein, meine Neffen Heinz und Hubert, alle Spieler des SV Werder …«

»Schmeißt den Idioten sofort raus!« brüllt der Regisseur mit hochrotem Kopf. Mit einer Wasserpfeife und einem Kebap-Spieß vom Döner-Stand prügeln die Techniker Herrn Sievers aus dem Wohnzimmer raus.

»Halt, halt, ich muß mal eben aufs Klo«, rufe ich und springe vom Sofa auf. Aus dem Fernsehen weiß ich, daß berühmte Persönlichkeiten unheimlich schwierig und zickig sind. Ich muß meinem Ruf gerecht werden.

Die Presse darf nicht annehmen, ich wäre weniger arrogant und dadurch eine weniger berühmte Persönlichkeit. Die Sensationsblätter sollen ihren Stoff bekommen: »Meister-Regisseur bekniete Osman Engin, aus dem Badezimmer zu kommen«, wird BILD morgen schreiben. Auf der Toilette überlege ich mir tolle Sätze für die Kamera. »Aus jeder meiner Zeilen spricht das Leid der unterdrückten Massen! Ich will im Hintergrund bleiben, meine Bücher sprechen für die Armen dieser Welt! Ich muß damit leben, daß die Menschheit sich dafür entschieden hat, daß mein Buch die Bibel des neuen Jahrtausends sein soll!«

Als ich wieder zurückkomme, ist die Wohnung völlig leer. Ich laufe sofort raus und erwische den Regisseur gerade noch, als er in den Aufnahmebus einsteigt.

»Halt, halt, kommen Sie wieder zurück! Ich will nicht mehr zickig sein. Sie wollten mich doch filmen!«

»Wir haben schon mehr als genug aufgenommen«, ruft er genervt.

»Aber was ist mit meinem Buch? Ich habe es noch gar nicht erwähnen können. Deswegen sind Sie doch gekommen!«

»Der Sender hat mich losgeschickt, um von möglichst vielen ausländischen Familien in der Stadt dokumentarische Kurzberichte zu erstellen. Und zwar für den Fall, daß deren Häuser irgendwann mal abgefackelt werden!«

## Suzan Gülfirat
**Kesik burun**

SIE DENKEN, DASS DER SCHAFFNER IMMER zurückbleiben sagt, wenn die U-Bahn losfährt? Irrtum. In Wirklichkeit sagt er: Sür Ibrahim. Sür (mit scharfem S gesprochen) ist die türkische Befehlsform des Verbes »fahren«. Sür Ibrahim heißt folglich: »Nun fahr, Ibrahim!« Zumindest für manche Berliner Türken. Die sagen auch zum Kaiserdamm »Kayseridamm«, benannt nach der anatolischen Großstadt Kayseri.

Wie U-Bahn-Stationen zu ihren türkischen Namen gekommen sind, weiß keiner so richtig. Vielleicht gaben die ersen türkischen Zuwanderer Plätzen, Straßen und Orten türkische Namen, um sich in der Fremde etwas heimisch zu fühlen. Doch wie kommt der Gesundbrunnen zu dem ehrenvollen Namen »Kesik burun«? Die Erklärung dazu ist denkbar einfach. Für manche Türken ist es schwierig, zwei Konsonanten hintereinander zu sprechen, wie zum Beispiel bei Brunnen. Daraus machen sie folglich burun, also Nase. Und weil sie wahrscheinlich dazu ein passendes Adjektiv gesucht haben, was einen Sinn ergibt, haben sie sich für kesik entschieden. Also kesik burun: Abgeschnittene Nase.«

Türkisch-Deutsch wird nicht nur von Berliner Türken gesprochen. Auch manche Städtenamen sind Zungenbrecher. So wird die Stadt Gelsenkirchen von den einheimischen Türken als »gelsin girsin« bezeichnet: Er soll kommen und eintreten. Skinheads heißen für die Türken sükünhed. Vor allem die erste Zuwanderergeneration hat die Begriffe so ausgesprochen, wie es eben am einfachsten ging. Aus sowieso wurde wiesowieso. Ihre Kinder machten sich über dieses Deutsch lustig und sagten dazu tarzanca-tarzanisch: die Sprache, die Tarzan mit Jane sprach. Diese Kinder sind nun erwachsen und sprechen perfekt oder mehr oder weniger perfekt Deutsch. Aber ihr Türkisch ist so schlecht, daß man das als tarzanca bezeichnen könnte.

Türkisch-Deutsch sprechen und verstehen eigentlich nur Deutschlandtürken. Doch das schafft manchmal ganz schöne Kommunikationsprobleme. Auch in der Türkei oder gegenüber Türken, die neu aus der Türkei gekommen sind, sprechen sie in ihrer alten Gewohnheit diese Mischsprache. Also ungefähr so: Arbeitsamta gittim, Anmeldung oldum, krank yazıldım (ich bin zum Arbeitsamt gegangen, habe mich angemeldet, habe mich krank schreiben lassen). Auf diese Weise exportieren die Türken in Deutschland sogar diese Sprache. Mancher Nichtdeutschlandtürke weiß mittlerweile, was Arbeitsamt heißt. Aber wer die Wahl hat zwischen dem Wort Arbeitsamt und işçibulmakurumu, dem fällt es nicht schwer, sich zu entscheiden.

Zum Beispiel erzählen Türken in der Türkei ganz selbstverständlich von ihrem Stand auf einer Veranstaltung oder geben ihren Geschäften Namen wie Şekerland (Zuckerland). Wen wundert es da noch, daß eine türkischsprachige Zeitung für Jugendliche »Kaudarzanca« heißt. Ein Wortspiel aus Kauderwelsch und tarzanca. Türkisch-deutsche Wortspiele gibt es auch in anderer Art und Weise. Wenn ein Türke sich mit »Tschüß« verabschiedet, sollten Deutsche auf der Hut sein. Aber auch Türken. Denn mancher Deutsche hat Türkisch gelernt. Statt Tschüß wird manchmal ein çüş (tschüsch) hinterhergerufen. Mit çüş vertreiben Türken Esel, und es ist eine schwere Beleidigung, jemandem dieses Wort zuzurufen.

Mittlerweile entwickelt sich aber auch eine türkisch-deutsche Sprachweise. Denn Berliner Türken haben längst begonnen, ihre eigene Rechtschreibreform durchzuführen. Weil in der türkischen Schriftsprache bei manchen Wörtern zwei Konsonanten hintereinander für sie keinen Sinn ergeben, schreiben Geschäftsleute mittlerweile auf ihre Preistafeln »Fenik« statt Pfennig.

## Feridun Zaimoglu
**Eure Coolness ist gigaout**

Ein Gespräch mit *Jutta Winkelmann*

[J. W.] IM ORIENT, SAGST DU, GÄBE ES *nicht so sehr diese Selbstsuche, sondern eher die Selbstabtötung oder Selbstverneinung. Liegt das daran, daß da die Familie noch eine große Rolle spielt? Daß unsere verzweifelte Selbstsuche auch mit dem Verlust der Familie zu tun hat?*
Das wäre so, wenn man den Blick nur auf die Moderne würfe, oder die letzten 50, 60 oder 70 Jahre. Aber das hat ja eine jahrhundertelange Tradition. Im Koran bedeutet Selbst nabs. Das ist das zerstörerische Selbst, das dich ausfüllt. Aber du sollst nicht ausgefüllt sein, du sollst nicht satt sein mit deinem Selbst. Sehr viel islamisch orientierte Sozialisten haben sich darauf berufen und gesagt: Eigentum ist einfach nur ein Völlegefühl, das ist die Völle, die es abzuschaffen gilt. Im Grunde genommen muß man natürlich die Quellen studiert haben. Das nabs ist ein Gesandter des Sheitan. Und durch Selbstentledigung – ich sage nicht umsonst Entledigung, weil es auch Techniken gab, Rituale geradezu, sich dieses Selbst zu entledigen, und das später auch einen eher mechanistischen Charakter bekam –, durch diese Selbstentledigung war es so, daß die Leute diese Selbstverwirklichung nie ... – Es gibt kein Wort für Selbstverwirklichung. Ich wüßte gar nicht, wie man Selbstverwirklichung ins Türkische übesetzen könnte.

*[J. W.] Wir haben hier – auch durch die antiautoritäre Bewegung – unsere Väter abgeschafft. Wie ist das für dich, der du in Deutschland aufgewachsen bist, aber noch türkische Wurzeln hast?*
Wenn mein Vater ein Verbrecher gewesen wäre, ein Nazi, dann würde ich ihn nicht wiederentdecken wollen. Ich habe meinen Vater aber nie abgeschafft. Ich habe Liebe und Respekt für ihn. Ich will das nicht idealisieren, ich gehe später noch auf die gan-

zen hausgemachten Borniertheiten im türkischen Haushalt ein, aber darauf angesprochen kann ich zunächst mal nur sagen: Das sind verschiedene Positionen. Mein Vater zum Beispiel ist rechtskonservativ, aber ich habe Respekt für ihn, weil er sich hier so viele Handicaps und Schwächen abgeholt hat.

Im Grunde genommen haben die Immigrantenkinder erlebt, wie sich ihre Väter da draußen einen Kopf kleiner gemacht haben. Unsere Väter gingen ein in den Montagehallen. Unsere Mütter quollen auf zu Sirupteigmamas. Die gingen einfach in die Breite und waren Küchengeister. Sie waren nicht schick. Unsereiner hat erlebt, wie die eigenen Eltern immer häßlicher wurden. Manchmal hat man das nicht mehr sehen können! Wenn sich der Vater so schlecht rasiert hat, daß hier, kurz überm Adamsapfel, die Borsten immer länger wurden und die Schlafkrümel den ganzen Tag da blieben, wo sie waren. Aber man wagte nicht zu sagen: »Mensch, Vater, reib dir das Sandmännchen aus den Augen.«

Es wird zum Beispiel gesagt, die Turkos seien markenartikelgeil. Das stimmt in gewisser Weise. Weil wir uns das angeguckt haben, und jetzt möchten wir Hugo Boss tragen, Calvin Klein tragen, wir möchten schön sein. Weil wir Tag für Tag mit dem Schicksal gehadert haben: Mein Gott, wieso hast du uns nicht Eltern gegeben, die sich besser kleiden? Wir haben das eben nicht verstanden.

*[J. W.] Meiner Tochter gefällt, daß türkische Jungs sich schick kleiden, höflich sind ...*
Das hat mit Ghettoromantik, mit Sozialromantik nichts zu tun. Das sind Erfahrungswerte, man hat das erlebt. Der Vater geht zum Ordnungsamt, kommt wieder und muß sich hinlegen. Er ist erledigt. Das versteht man erst mal nicht. Er sagt dann: Mein Stolz wird jedesmal mit Füßen getreten. Das hat alles nichts mit Weinerlichkeit zu tun, aber nur deswegen hab ich heute auch Respekt und Liebe für meine Eltern. Ich habe Respekt: Ich schlage die Beine nie übereinander. Wenn mein Vater in den Raum kommt, stehe ich auf. Ich sieze meine Eltern, ich sieze meine Verwandten. Ich bin aber völlig konträr zu ihren Ansichten: Ich will nicht in die Türkei zurückkehren. Ihre Lebensweisheiten gehen mir am Allerwertesten vorbei. Aber Liebe und Respekt. Weil man das jetzt ganz genau versteht ... Man verstand plötz-

lich irgendwann, wieso er krank wurde, der Vater. Weil sein Stolz gekränkt war. Ich verstand plötzlich, warum meine Mutter Migräneanfälle hatte. Sie hat sich dann was um den Kopf gebunden, sah aus wie so 'ne kurdische Freiheitskämpferin und lag da. Sie hat mir mal gesagt: »Es fehlt hier an ... – wie soll man das übersetzen? – an Erotik.« Ich dachte: Was?! Von meiner Mutter kommt so was?! Sitte und Anstand an erster Stelle, aber es fehlt an Sexualität! Klar, in klugen Büchern kann man das nachlesen: Die sinnliche Welt fehlt. Das alles hat man gesehen.

*[J. W.] Wurde bei euch in der Familie viel kommuniziert?*
In der Familie wurde sehr viel gelacht. Wir haben sehr viel gesprochen, sehr viel gealbert. Sowohl meine Mutter, als auch mein Vater waren schräge Vögel. Die hatten einen Sinn für Humor, und es wurde ständig grölend gelacht.

Und die Anrede, die Kunst der Anrede. So zwischen Kanaksters sage ich immer wieder: Geliebter! Mein Augenlicht! Meine Liebe! Auch unter Männern. Es gibt eine Seite, die Homophobie. Mit Schwulen hat man nichts zu tun. Auf der anderen Seite gehen Männer Hand in Hand!

*[J. W.] Ohne diese Berührungsängste zu haben?*
Ja. Das kam von der Familie, weil man sich da ständig berührt hat. Im Vorbeigehen, wenn man was gesagt hat. Man hat über irgend etwas gesprochen, das gehörte da überhaupt nicht dazu, aber man massierte den Nacken. Es war auch irgendwie schräg. Ich mußte auch darüber lachen. Was sucht die Hand meiner Schwester auf meiner Schulter, wenn sie mich wegen irgendeiner Matheaufgabe fragt?
Aber wenn dieses Grundvertrauen erst geweckt, diese Körperlichkeit da ist, trifft einen die Ablehnung um so schroffer, wenn man auf einmal erfährt: »Medizin, Kunst, Malen? Das ist weibisches Gewerbe, mein Sohn, das wirst du nicht machen.« Genau wie Ertan Onguns Vater ihm sagt: »Aus dir wird nichts, das weiß ich. Du bist ein Gangster. Aber wenn ich erfahren sollte, daß du Zuhälterei betreibst, dann darfst du durch diese Tür nicht mehr kommen. Dann bist du nicht mehr mein Sohn.« Diese Abfuhr hat dann so einen Drive, man ist so vor den Kopf gestoßen, daß man gelähmt ist. Um so schlimmer trifft einen Bestrafung. Das ist immer eine zweischneidige Geschichte: Im

Grunde genommen ist Körperlichkeit ja was Wunderbares. Aber diese Liberalität hört genau da auf, wo es dem Vater nicht paßt. Und dann paßt es ihm aber gewaltig nicht. Wenn man auf den Vater nicht hört, kommt man sozusagen vom Pfad der Tugend ab. So wird einem das nahegebracht.

*[J. W.] Aber in Wirklichkeit macht der Vater doch das, was die Mutter sagt.*
Je älter und je verbrauchter unsere Väter wurden, desto größere Rollen spielte natürlich die Mutter. Der Vater war dann eine Repräsentationsfigur. Ich persönlich kann nicht sagen, daß bei uns mein Vater die Entscheidungsgewalt hatte. Meistens hat meine Mutter entschieden. Aber es wurde dann so gedeichselt, daß mein Vater sagen konnte: »Ich habe die Entscheidung getroffen.« Das war subtiler.

*[J. W.] Wollen deine Eltern, daß du ein türkisches Mädchen heiratest? Wie war das überhaupt – mit Frauen?*
Meine Mutter sagte zu mir: »Mein Sohn, Frauen sind widerliche Kreaturen. Männer können durch zwei Dinge zu Fall gebracht werden: durch Alkohol oder durch Frauen. Und Frauen stellen das sehr geschickt an, sagte sie. Ich bin selbst eine Frau. Sie werden dir schöne Augen machen, vor allem die deutschen Frauen. Die können das ja besonders gut, weil sie dir das Gefühl geben, daß du, der du aussiehst wie Judas, wie der Teufel, daß du geliebt wirst. Sie lieben dich aber nicht. Diese Frauen wollen dich im Grunde genommen nur ausnutzen. Bleib ein Mann!« Und, um bei ihren Worten zu bleiben: »Wenn ich sehen sollte, daß du in fünf Jahren, in zehn Jahren deine Eier verloren hast, dann kommst du nicht mehr durch diese Tür. Bring mir also nicht irgendwelche deutschen Schlampen, die Mädchen geblieben sind. Die ziehen dann hier diese Frauenshow ab, ich muß sie mir angucken und nur sagen: Oje, oje, oje!« – Das habe ich von meiner Mutter gehört!

Zu meiner Schwester hat sie gesagt: »Du bist eine Frau. Das ist erst mal eine große Schwäche. Du mußt im Grunde jeden Tag bedauern, daß du nicht als Mann auf die Welt gekommen bist. Aber ...« – ich habe das in Erinnerung, weil sie das immer wieder gepredigt hat – »aber du hast eine große Waffe. Mach die Männer fertig!«

Wenn du als Mann auf die Welt gekommen bist, dann freue dich. Wenn du das Pech hast, als Frau auf die Welt gekommen zu sein, dann werde eine starke Frau und nutze die Männer aus. Sag ihnen, du liebst sie! Was sind sie denn überhaupt?! Das hat mir weitergeholfen. Ich hatte nicht die Illusion, daß mich die Frau befreit.

Die heterosexuelle Liebe war A und O. Schwulitäten kamen überhaupt nicht in Frage. Das ist eine Welt, die mir völlig unverständlich ist. Das wurde übrigens in der Familie nicht verurteilt. Es wurde nicht gesagt: Das sind schlechte Menschen, oder: von Gott abgefallen. Es wurde uns nur gesagt, daß das Schönste diese verlogene Liebe zwischen Mann und Frau ist. Es gibt im Türkischen den Begriff von Aschk, gleichzusetzen mit Agape. Das ist mehr als Liebe: sich verzehren nach ... Das hab ich auch erlebt. Ich hatte meinen Alltag, sie hatte ihren Alltag, man hat sich aber verzehrt nacheinander.

*[J. W.] Um noch einmal auf diese Sache mit der Familienbindung zurückzukommen: Einerseits gehört zu einem ganzheitlichen Individuum der Respekt für Vater und Mutter, andererseits triffst du hier auf diese Generation, die dieses sehr gebrochene Verhältnis zu ihren Mördervätern hat. Wie empfindest du diesen Widerspruch?*
Ich erlebe besonders bei feinsinnigen Deutschen etwas, was man bei uns leider Gottes vermißt: eine Leichtigkeit, eine Freiheit und eine Aufrichtigkeit, die sehr wünschenswert sind. Wenn wir schon diese deutsch-türkische Klammer aufmachen: Für mich sind da keine gebrochenen Verhältnisse, sondern ich treffe immer wieder auf Menschen, die es überhaupt nicht nötig haben, irgendwelche Brüche in ihrer Biographie aufzuweisen, wie wir sie haben. Ich stelle mir manchmal vor, daß wir so blöde fundamental sind, so blöde schlegelhaft erzogen wurden: entweder das oder das. Und dann stoß ich auf Menschen und Verhältnisse, die leicht sind, die subtil sind, die schön sind. Es herrscht eine Atmosphäre, in der sich die Beteiligten nicht unbedingt an die Hände fassen und sagen müssen: »Wir sind jetzt alle Kanaken.« Das kann einem auf die Dauer auf den Keks gehen: das Ausdrückliche, das Ausgesprochene, das Höfliche, das Hingewiesene. Das ist etwas, das wir mit in die Wiege gekriegt haben, und manchmal scheint mir das zu grobschlächtig.

Das ist die andere Seite: Ich sehe da keineswegs so gebrochene Existenzen, Krisenkreaturen, die unter anderem auch eine falsche Individualität ausleben. Ich sehe sehr positive Beispiele von ausgelebter Individualität, die ich mir nur wünschen kann. Ich wünsche mir manchmal auch, den Mund zu halten und von Beteuerungen wegzukommen, etwas feinsinniger zu werden. Feinsinnigkeit ist etwas, was wir lernen müssen.

*[J. W.] Du persönlich bist ja um eine höhere Komplexität bemüht. Projizierst du da nicht etwas hinein?*
Wenn ich in dieser Immigranten-Debatte wieder zu hören bekomme, daß das zwei so feindliche Lager seien, die sich da gegenüberstehen. Das Leben über die Kultur ist ja hochaktuell, es wird alles kulturalisiert. Aber das ist Pippifax! Viele Leute sind interessiert, aus beiden Lagern. Viele Leute sind ungeraten, im guten Sinne des Wortes. Und es gehört sich, meiner Meinung nach, vom Wege abzukommen. Was ist das überhaupt für eine Blödheit, den Weg des Vaters weiterzuverfolgen? Man muß zum Teil den Vater auch morden. Das wäre ja sonst so langweilig und borniert. Ich möchte das auch. Liebe und Respekt heißen ja nicht, daß es zu einer klebrigen Verpflichtung wird. Das heißt nicht, daß ich so werden will wie mein Vater, der mal den Anatolier mimt und mal den Weltbürger.

*[J. W.] Fühlst du dich hier außerhalb der Gesellschaft, obwohl du hier aufgewachsen bist? Also als Sonderling?*
Mal unter uns: Ich bin ein Sonderfall, auch unter den Kanakstern. Ich bin einer, der sich das alles angekuckt hat und der gesagt hat: »Ihr Scheißer, ihr falschen Propheten da oben! Was ihr könnt, kann ich schon lange! Ihr wollt Macht, ihr demonstriert Macht, da liefere ich euch eine Macht, die anziehender und vor allem sexier ist als euer Scheißgemurmel.« Es ging darum: Was tummelt sich denn da draußen? Ich muß aber feststellen, daß ich auch unter den Turkos schief angesehen werde, weil ich einer bin, der nicht dazu paßt. Anderseits aber: Wie schön, so einer ist auch Türke! Wahnsinn! Einer von uns, und der reißt uns mit! Das ist keine Arroganz, keine Einbildung. Das ist ein bewußtes Einsetzen des freiheitlichen Moments. Insofern ist diese Geschichte mit Malcolm X vielleicht treffender, als man manchmal denkt.

Natürlich bin ich ein Sonderling. Ich persönlich will kein Yuppie sein, und kein Freak. Leider gibt es sehr viele Leute in dieser Gesellschaft, die ein Klischee auf zwei Beinen sind. Was kann ich dafür, wenn ich sie als Klischee beschreibe? Ich beschreibe sie so, wie sie sind. Nichts weiter als Klischees. Nämlich Leute, die so ein kleines Feld ausgemacht und umzäunt haben und gesagt haben: Das bin ich! Damit kann ich nicht leben. Was heißt das, das bist du? Ich will nicht hinein in deinen kleinen Garten. Und deine Gartenzwerge, die hau ich auch um. Weil sie mir nicht passen.

Im Grunde will ich mich nicht an die Verhaltensstörungen halten. Weder innerhalb der deutschen, noch in der türkischen Community. Ich will mich an die schönen Umgangsformen zwischen Menschen halten, aber wenn einer mir krumm kommt, wenn einer denkt, er kann mich fertig machen, dann will ich mal sehen, ob er mich fertig machen kann.

Das heißt konkret: Wenn das ein Markt der Möglichkeiten ist, diese Immigrantenproblematik, dann geht es um einen Fight. Und wenn es ein Fight ist, bedeutet das nicht, daß ich der Türkenbomber bin. Das interessiert mich nicht. Diese Leute haben ihre Patentrezepte. Dann kratz ich mal an dem Lack! Und was kommt zum Vorschein? Es kommt Scheißdreck zum Vorschein! Dann sollen sie bitteschön auch an meinem Lack kratzen. Ich fordere sie dazu auf, wenn ich sage: Auge um Auge, Zahn um Zahn. Zu der Schönheit – abgehobene Schönheit ist ein Ästhetizismus, der, glaub ich, nicht so lebenstauglich ist, obwohl ich bestimmte Formen der Dekadenz äußerst begrüße – zur Schönheit gehört Fight, und zum Fight gehört Schönheit.

*[J. W.] Also dein Kampf richtet sich gegen Ignoranz?*
Weißt du, da tue ich mich schwer. Wofür ist man? Für mich ist das eine Art, sich großzutun. Nicht so sehr, weil man sich scheut, sondern weil man ja auch Angriffsflächen bietet. Wofür ist man? In Zeiten, wo jeder das behauptet und auch die Falschen das behaupten, wird das vielleicht ein bißchen lächerlich, aber ich bin zum Beispiel ein überzeugter Demokrat. Das ist für mich eine Herzenssache. Ich bin stolz, ein Demokrat zu sein. Damit verbinde ich nur schöne Eigenschaften. Weil ich aus einer gewalttätigen Gesellschaft komme und mir diesen

ganzen Quark da angekuckt habe, wünsche ich mir, daß es in diesem Sinne demokratischer wird. Daß diese Kanaksterbewegung eine richtige Alternative wird zu all diesen Entgleisungen wie der Reethnisierung. Und wenn man Reethnisierung sagt, darf man natürlich diese ganzen Sachen nicht vergessen, die diese Gesellschaftsformation ihren schwächsten Mitgliedern angetan hat. Bei dieser Immigrantendebatte haben die Leute ja wirklich abgegähnt, haben gesagt: Gastarbeiter, ja, die ärmsten, wir sind ja so betroffen! Und ausgerechnet jetzt kommt da einer, und an dem Punkt gibt es einen Flash. Das freut mich. Denn es gibt viele Leute, die vergessen, daß das soziale Element dein Herzschmerz ist, wenn du arme Leute siehst. Daß du ein soziales Gewissen hast. Daß du kucken mußt, daß dein Nachbar nicht hungert, und wenn du Essen hast, gibst du ihm ein Teil. Selbstverständlichkeiten, die man nicht mit Programmen aufladen muß. Das ist der schöne Umgang zwischen Menschen. All das muß zutage treten, muß als wirkliche Alternative zur Yuppiesierung der Gesellschaft angeboten werden. Wofür? Dann sag ich einfach nur – und das verstehen die Leute auch: für die einfachen Dinge des Lebens. Daß die Leute kapieren, daß dieser Kanake kapiert: Wenn mein Nachbar hungert, dann ist es Teufelszeug, was ich esse.

Den Fight auch zu leben. Sich einzusetzen für Arme. So weit zu sein, daß einem das Herz schmerzt, weil man nicht anders kann. Stolz zu sein.

Denn es sind diese Leute, da kommen Immigrantenkinder und sagen: Wir sind Demokraten. Und das ganze ist mit einer Begeisterung verbunden.

Dieses Land aber ist keine Einwanderergesellschaft, kein Kindervisum, Nein zur doppelten Staatsbürgerschaft. Aber dann reden über die Zukunft Deutschlands, über das Jahr 2000, das nächste Jahrtausend! Ich sehe dann nichts weiter als irgendwelche Jasager, Kleinbürger in der Rumpelkiste husten, die Deutschland heißt. Und wenn sie ein Mikrophon haben, tun sich all diese Leute wichtig und sprechen von der Zukunft. Wie können diese Leute das einfach nicht sehen?! Das ist so was von frisch! Nein, wir sind immer noch die Türken und immer noch eine Gefahr. Natürlich sind wir eine Gefahr. Natürlich sind wir ein Keim. Wir scheißen auf ihr warmes Nest! Wir wollen nicht so sein wie sie, klar! Aber sie wollen was verändern.

Innovation! SPD-Innovation, CDU-Innovation, CSU-Innovation, FDP-Innovation ... Was fällt diesen Idioten eigentlich ein? Wen wollen die verscheißern?

*[J. W.] Kannst du dir diese Kanaksterbewegung auch als Partei vorstellen?*
Um Gottes willen! Nein. Bewegung stellt man sich immer als eine geschlossene Masse vor, so Ah! und Transparente hoch! – Nein, das ist weder ein Verein noch eine Organisation.

*[J. W.] Letztendlich ist dieses Kanaksterding doch eine Bewußtseinsbewegung. Es geht doch um ein anderes Bewußtsein, eine Demokratie des Herzens oder, daß man aus der Gesellschaft, wie sie ist, andere Schlüsse zieht. Eine andere Republik im Kopf hat. Und die ist ja nicht nationalitätengebunden.*
Jein. Denn man kucke sich doch die Medien an: Wie wurde der Neue Türke, der Kanake denn aufbereitet? Er sollte der Ghettorapper sein, in den Klamotten des Ghettobruders. Das hatte einen Wiedererkennungswert für den Sternleser. Wenn die Medien den Türken so aufkochen, daß man ihn wiedererkennt, dann darf man sich nicht wundern, wenn Leute wie Sabrin Setlur kommen und sagen: »Ah, so läuft der Hase! Gut, dann mach ich die grimmige Ghettolady.« Das ist nicht die bloße Willkür dieser Leute.

*[J. W.] Also Markterwägungen.*
Genau. Das kann aber auch was Spielerisches sein, was Schönes. 80 bis 90 Prozent der Journalisten und Journalistinnen kamen mit festen Fragen und wollten mich in einer ganz bestimmte Ecke haben. Obwohl ich mich immer wieder dagegen verwahrt habe und es für den Leser oder den Fernsehzuschauer sichtbar war, daß ich dagegen protestiert habe, haben diese Journalisten sich nicht lumpen lassen und am Ende festgelegt, wer ich denn sei. Das hat mich auch verwundert, weil ich bis dato dachte, das wäre 'ne einseitige Sache. Da kommt halt *Da Crime Posse* und positioniert sich so. Das stimmt aber nicht. Man macht das immer wieder und immer wieder, und irgendwann sagt man sich: Na gut, das sind die Tarife. Alles klar, dann bin ich halt Ghetto! Die wenigsten sind Ghetto, aber die draußen wollen Ghetto sehen.

Was ich meine, ist: Es ist nicht nur ein Markt der Möglichkeiten, sondern auch ein Markt der Zuschreibungen.

*[J. W.] Deine Vorstellung von Demokratie hat ja zu diesem Zeitpunkt auch in gewisser Weise noch einen utopischen Charakter.*

Ich bin immer für das Machbare. Es klingt so hoch, weil wir ja über bestimmte Funktionshalter und Repräsentanten sprechen, die ja nicht irgendwer sind. Die stehen ja für irgendwas, das sind ja die Großkopferten. Aber kommen wir mal auf den Gebetsteppich zurück: Ich bin immer für das Machbare. Das Revoluzzerhafte treibt Menschen ins Unglück Es ist immer gut, Hoffnung zu haben, und diese Hoffnung auch hineinzutragen, weil man die Grenze damit auch immer da und dort ein bißchen verschiebt.

Ich hoffe, ihr seid mal auf einer Lesung dabei, wo viele Kanakster da sind. Da geht die Post ab! Dir stehen die Tränen in den Augen, in aller Bescheidenheit! Was ich meine, ist der Herzfaktor. Nicht der Coolness-Faktor. Ich möchte den Leuten ins Gesicht rufen: »Eure Coolness ist gigaout!«

Freunde, es ist jetzt *in*, anzuschließen an das soziale Moment. Die Leute, die mich fragen, wer oder was ein Kanakster ist … Was interessiert mich denn das? Das ist völlig belanglos! Kuckt hin, und ihr werdet selbst sehen!

## Mireille Onon
## PAL/SECAM

SWITCHING. DEUTSCH IST NUR BEDINGT meine Schreibsprache. Und manchmal ist sie es eben doch. Und dann wieder nicht. La plupart du temps c'est le français. Dann eben doch wieder nicht. Et puis à nouveau … Ein Hin und Her ist das!

Zehn Seiten lang muß ich mich bemühen, die eine Spur zu halten, obwohl es mir bis hierher schon nicht gelungen ist. Von Anfang an ging es so. Eine Modulationsfrage. Schon immer eng miteinander verwoben.

*Boche*
*Haaßebock*
*Ausländerin*
*willkommene Ausländerin*
*genehme Ausländerin …*

Ich erhebe keinen Anspruch auf Vollständigkeit. Es handelt sich um einen geringen Ausschnitt aus dem Erfahrungsbereich einer Französin in Deutschland. Solche Ausdrücke bedürfen hier keiner Wiederholung. Wie ich sie liebe, die Terminologie der Infamie, auch die, die so harmlos daherkommt. Sie hat einen enormen Vorteil, man weiß immer ganz genau, was damit gemeint ist. Hundertprotzentige Deckungsgleichheit. Über Jahre hält sie sich, sie schlüpft in neue Buchstaben, gilt abwechselnd, in sehr unterschiedlichen Bereichen.

Ihr Wesen ist immer das gleiche.
Ausschluß. Einschluß. Alle. Ein Teil. Niemanden.

Bei mir trifft immer eine Kategorie zu. Mal jene, mal diese. Einige Erklärungen bin ich jetzt schuldig.

Ich bin umgezogen. Sechshundert Kilometer nordöstlich von dem Ort, in dem ich zu einer irgendwie definiert geglaubten Gemeinschaft gehörte. Ich gehörte zu etwas. So was weiß man immer erst hinterher.

Nach den ersten zurückgelegten fünfzig Kilometern mußte ich einen Fluß überqueren, den Rhein. Linksseitig eine, wie mir eingeredet wurde, düstere Landesgrenze, rechtsseitig besungen, bedichtet, begehrt. Wie oft hatte ich diesen Strom schon überquert, unzählige Male, so daß es kein außerordentlicher Schritt war, die Seite für einige Zeit zu wechseln. Mein Horizont hörte nicht mit dem Rhein auf, als sei er im Westen unmeßbar. Nein, zu allen Seiten hin ist die Horizontlinie gleich weit. La ligne bleue des Vosges, die dunkle des Schwarzwaldes.

Diesmal an der Grenzkontrolle verlief es nicht so anonymgleichgültig wie all die anderen Male. Ich hatte ja auch etwas mehr Gepäck als sonst, einen fast absolvierten Studentenhaushalt. »Was Sie da alles mit sich führen, wollen wir vom Zoll schon genau wissen, Frau Vogel«. Frau Vogel?! Damit war ich eindeutig gemeint, neben mir saß einzig mein Bruder. Irgendwann war ich *Madame ['voʒɛl]* geworden, wie sehnte ich mich, dieses blödelnd-besitzerische Mademoiselle loszuwerden. *Frau ['fɔxgəl]* aber, das war neu, wenn auch nicht unbekannt. Linksrheinisch, in dem Dorf, in dem ich aufwuchs, klang es ähnlich, *s'föjells, de föjellscharell,* mein Vater, *modom föjell,* meine Mutter. Wir Kinder hatten in dieser Sprache nur Vornamen. Oder Hofnamen, von Höfen, die es mindestens seit drei Generationen nicht mehr gab, *s'Grombeeremeschels* klebte an uns.

*Was dieselbe Sprache redet, das ist schon vor aller menschlichen Kunst vorher durch die bloße Natur […] aneinander geknüpft (Fichte, 13. Rede),* las ich einmal.

Frau *['voʒɛl]* hatte keine Mühe, der Herren Pflichtfragen zu beantworten. Sie war kurz davor, ihr Studium der Germanistik zu beenden. Die germanischen Zellen, die sie als *Überrheinische* mit sich trug, teilten sich seit einigen Jahren prächtig. Trotzdem, der alltägliche Sprachgebrauch, plaudern in der Kaffeepause fiel ihr in der Sprache der Kleists und Brechts ungemein schwer, was ihr weder anzuhören noch anzusehen war. Name, Aussprache, Aussehen, der Prototyp einer Durchschnittsdeutschen. Die Phase der Entdeckungen, des Staunens war entsprechend gering, erfolgte doch der Umgebungswechsel mehr oder weniger innerhalb derselben Welt. Die Einrichtung im neuen Leben war nicht schwerer, nicht leichter, als würde sie nach West, Südwest oder Süd stattgefunden haben. Sogar die Durchführung war routiniert möglich. Außer der neugierig anmutenden Frage der Zollbeamten, war es im Vereinten Europa einfach.

Ich hatte eine Identität vorzuweisen, *Französin, Studentin*. Harmlos. Letzteres als eine Art Ausnahmezustand im sozialen Gefüge. Dieser Status aber war befristet, eine Neudefinition stand bald an, prosaisch-materiell über Geld. *Geldverdienen. Was dieselbe Sprache redet ...* hin oder her.

Die Universität, die mein erster Aufnahmeort war, sollte auch zu meinem zweiten werden. Sie wollte mich wegen meiner Sprache. Ich mußte nun Papiere vorweisen, die ich bisher nur aus Erzählungen kannte. *Verdienen* bekam ein anderes Gesicht. Ich brauchte eine Berechtigung, dieses Geld zu verdienen. Berechtigt dazu bin ich, wenn ich produktiv bin, mit geregeltem Einkommen, und so weiter. Noch war ich es nicht. Ich wollte ja gerade ... Wollen, wollen ... Da könnte ja jeder kommen. Warum mußte es ausgerechnet diese Stelle sein? Ich hatte mich mit meinem Antrag verdächtig gemacht. Ich konnte nicht nachweisen, daß ich mich am volkswirtschaftlichen Wachstum Deutschlands beteilige. Also witterte man, ich wolle etwas ganz unvolkswirtschaftliches beanspruchen, Wohngeld, Krankengeld, Rente? Sozialhilfeschmarotzerei hörte ich mal. Unerwünschte Ausländerin.

Ohne Aufenthaltserlaubnis keine Stelle.
Ohne Stelle keine Aufenthaltserlaubnis.
Ohne Aufenthaltserlaubnis kein Geld.

Kein Argument, kein Versprechen kommt gegen diese Bestimmung an, einzig Geld ist die Lösung. Wenn ich Geld hätte, also Deutschland nicht auf der Tasche liegen würde, bekäme ich so eine Erlaubnis. Der Reigen geht regelmäßig weiter, regelmäßig muß ich meine Anspruchslosigkeit der Behörde gegenüber von neuem bezeugen. Und dann habe ich Anspruch auf Sozialhilfe! Wollte ich es denn?

Mit dieser Formalität war ich erkannt, erfaßt. Von deutschen Behörden. Von französischen abgesandten Behörden, in Deutschland. Der Wahlstimme wegen, oder der Feierlichkeiten zum 14. Juli im Konsulat. Ausschließlich für Franzosen, Einladung gegen konsulatorische Registrierung. In den festen Händen der Matrix. Nichtzugehörig, zugehörig; zugehörig durch Nichtzugehörigkeit. Eine reine Mengenlehreübung. Was einerseits ausschließt, will andererseits einschließen. Aus einer Mitteilung des *Bulletin du Consulat*: »nous connaissons tous les difficultés d'adaptation dues aux habitudes culinaires en Allemagne«.

Mir sollte nicht aufgefallen sein, daß die salzige Butter aus Noirmoutier, die ich bei Edeka à 3 Mark 95 kaufe, anders schmeckt als damals, als ich für sie noch bei Suma 9 Francs und 80 Centimes bezahlte. Daß ich hier anderes esse, kaufe oder nicht kaufe, scheint mir so selbstverständlich wie im Wasser zu schwimmen. Nein, auch diese Gemeinschaft verdiene ich nicht. Will ich nicht verdienen.

Ich erinnere. Alles ist wieder da und wiederholt sich eigentümlich. *Boche. Boche* war ich in dem Land, das so gute Butter macht. Die Schule, ein mächtiger Repräsentant dieses Staates, machte mich dazu. 1973 wurde ich eingeschult. Lesen. Schreiben. Bei gewissen Buchstaben hielten wir uns besonders lange auf: b, d, g im Gegensatz zu p, t, k. Allmorgendlich bödögö, pötökö, bödögö, pötökö blöken. Sollten uns damit schon die unités minimales distinctives beigebracht worden sein? Saussure im frühen Stadium. Nein. Billard, pillard. Warum sollte ich billard mit pillard verwechseln, wenn ich einem pillard (ein Plünderer) noch nie begegnet war? Ich lernte fleißig, das heißt verschwenderisch, weiter. Bis eine Begründung endlich klar und deutlich ausgesprochen wurde. »Die Sprache der Schule ist Französisch. Schüler, die Gebrauch vom Elsässischen machen, werden nie richtig Französisch schreiben und sprechen.« Avec un accent de *boche*. Was nicht *dieselbe Sprache redet* ...

Ob die Lehrer elsässisch sprachen, weiß ich nicht, sie verstanden uns und konnten unterscheiden, wenn wir uns beschimpften. Zugegeben haben sie es nie. Alle meine Schulkameraden verstanden es jedenfalls nicht. Sie waren *Haaßebock*. Und diejenigen, die mit ihnen verkehrten, gleich mit. Ein *Boche* war ich nun für den *Haaßebock* – ein *Haaßebock* für den *Boche*. Also beides zugleich. Was wollte ich mehr!

Ich vermochte nicht, mich in diese Sprache zu flüchten, nur um einer Vorschrift zu trotzen. Sie war eine meiner Sprachen.

Französisch war die Welt der neuen Freunde, der Bücher, all der Dinge, die bisher den Erwachsenen vorenthalten waren. Ich war gierig, sie gut kennenzulernen, und war zugleich gekränkt. Ich hatte ein schlechtes Gewissen, an ihr so viel Gefallen zu haben. Ich fühlte mich kolonialisiert.

Nun weiß ich nicht, welche meine erste Sprache ist. Elsässisch sprach ich mit meinem Vater, französisch mit meiner Mutter, französisch und elsässisch mit anderen Kindern, bis es irgendwann nur noch Französisch war. Und ich habe mich in keiner ganz zu Hause gefühlt. ... Immer wenn ich die eine spreche, revoltiert die andere, will die ursprüngliche Situation wiederherstellen. Ja welcher Ursprung?

Jede Sprache ließ mich, zeitverschoben, in ihrem System die Welt begreifen. Und beide Systeme ringen um Vormacht. Sie muß immer wieder in das andere System übersetzt werden, wodurch es manchmal schon zu Qualitätsverlusten kommen kann. Und wie oft steigert sie sich.

*Castor, Pollux, Aglae et Sidonie* par les après-midi pluvieux – *Beppo und Beppi und das Männchen mit dem vielen Sand* vor dem Träumen gehen.

Ermöglicht durch einen einzigen Knopf an dem weltenverbindenden Teleapparat. SECAM, PAL, SECAM ... Die Puppen und das, was ihnen widerfuhr, waren fesselnd. In welcher Sprache sie ihre Konflikte auslebten, kann ich aber nicht erinnern. Es muß eine Sprache ohne Wörter gewesen sein.
Wellenlängen.
Auf derselben Wellenlänge sein ...

PAL. Momentan schwebe ich auf dieser Wellenlänge. Ab und zu sehne ich mich nach der anderen Norm. Wenn es wieder mal so weit ist, lege ich die sechshundert Kilometer und mehr in entgegengesetzter Richtung zurück und stelle fest, auch dort bin ich Ausländerin.

Der Name, mal wieder. Und natürlich die Sprache. Es ist erstaunlich, welche Metamorphosen sich durch eine Grenzüberschreitung vollziehen. Der Akzent ist, wie könnte es anders sein, deutsch. Das Aussehen, deutsch. Ja, doch das soll es geben. Und bei Madame *['voʒɛl]*, klarer Fall, handelt es sich um eine Deutsche. Viel Lob habe ich seitdem für meine Sprachkenntnisse geerntet. So gut wie perfekt sei mein Französisch! Und dennoch. Dennoch scheint mir etwas zu fehlen oder etwas zu viel dazusein. Als hätte ich mich hinter den Spiegel begeben und ein unheimliches Geheimnis erfahren. Fürchtet man sich etwa vor mir?

In Frankreich findet man es komisch, daß ich von dem »Himmel über Berlin« spreche und nicht von »Les ailes du désirs«. Es geht nicht um eine Kommunikationsschwierigkeit. Es wird als Zeichen meiner Wandlung gedeutet. Es stört, wenn ich das Eigentliche beim eigentlichen Namen nenne, wenn ich mich einem Einschlußverfahren widersetze.

Man findet mich angepaßt, wenn ich bei Fußgängerampeln achtsam die roten oder die grünen Gestalten abwarte.

Neuerdings zu leichtfertig, wenn ich alle grünbepunkteten Verpackungen zusammen wegwerfe und nicht nach Tetrapack, PVC und anderen technischen Glanzleistungen trenne.

So etwas reicht, um aus mir eine *Andere* zu machen. Den Bezugspunkt vermisse ich. Alle Franzosen machen anscheinend das Gleiche. Alle …?

Die Beziehungen zwischen Frankreich und Deutschland – es war noch nie eine einfache Geschichte. Jede Generation in meiner Familie hat sie hautnah erlebt. In den zwei Weltkriegen ausgesprochen dramatisch. Diese Geschichte prägt auch heute manches Bewußtsein. Meine Wahrnehmung beider Länder ist es auf jeden Fall. Ich bin zwischen den Normen/Systemen. Ein Umschaltknopf. Ich stehe zwischen den beiden Antagonisten und versuche zu vermitteln, daß keiner nie ganz recht hat, und auch nicht, natürlich, ganz unrecht. So erlebe ich es, und nicht nur seitdem ich hier lebe.

Die Auseinandersetzungen sind immer leidenschaftlich. Oft wechseln sie, ohne jegliche Vorwarnung, von der Liebe zum Haß, und umgekehrt. Allein die Antwort auf die Frage, woher ich komme, kann mein Gegenüber dermaßen enervieren … oder dermaßen entzücken … Und erst die Antwort auf die Frage, wo ich gewählt habe zu wohnen! Wenigstens begegnet mir keine Gleichgültigkeit. Und ich bin mir nicht sicher, was mir lieber ist. Ich stelle mir dann jedesmal vor, wie in den Köpfen eine Art Charta abgelesen wird, mit den »Hundert guten

Gründen«, Frankreich zu hassen. Angefangen bei den Froschschenkeln bis hin zu Deleuze – oder zu lieben, von Marguerite Duras bis zum Camembert. Es gibt sie bestimmt, die schlechten nicht weniger. Ebenso halte ich sie mir vor, um mich darüber zu amüsieren. Ich nenne es permanente Selbsterfindung. Längst kultiviere ich sie.

Als wären die anderen, alle anderen, zu Hause. Und zu Hause bin ich jenes oder dies, manchmal auch das, zu Hause bekenne ich mich zu diesem und zu jenem, auf alles habe ich eine Antwort, bin ich in der Lage, meinen Parcours zu erklären, meine Fehler einzusehen, meine Torts. In aller Kürze, zu Hause ist das Tribunal des totalistischen und besitzenden Gewissens.

Nicht zu Hause sein, zickzackartig daherkommen, von der Seite her handeln, meine Rolle nicht einhalten, sie tauschen, vertauschen, eintauschen, auch meine Ansichten, womöglich mein Aussehen, changierend und divers, meiner nicht sicher sein! Ich bin nicht berechenbar! Dann gilt: mich aufhalten. Aber wie?

Verhindern, daß ich schädlich werde. Aber wodurch?

Meine Korrumpierung vermeiden, meine Demonstration, daß ich im Grunde nur ein Passant bin, einem anderen Ziel versprochen, einer unmeßbaren, inkommensurablen Zukunft, einer anderen Welt gar!

Wie?

Dadurch, daß ich einen Stempel aufgedrückt bekomme.

Es ist dunkel. Très sombre.

## Suzan Gülfirat
**Die sogenannte** *Zweite Generation*

WENN ICH NEUE AUSLÄNDISCHE FREUNDE
kennenlerne, deren Eltern seinerzeit als Gastarbeiter nach
Deutschland kamen, holen wir früher oder später die Fotoalben heraus. Vor allem die Bilder, die in den ersten Jahren des
Migrantendaseins geschossen wurden, ähneln sich zum Teil bis
auf die I-Tüpfelchen. Das liegt vermutlich daran, daß die Gastarbeiter oft Ereignisse und Situationen fotografiert haben, die
sie später an ihren Aufenthalt in Deutschland erinnern sollten.
Schließlich wollten sie alle nur einige Jahre hart arbeiten, Geld
sparen und wieder in ihre Heimat zurückkehren. Fast immer,
ach eigentlich immer, sind Bilder dabei, auf denen der Geburtstag des damals zweijährigen Sohnes gefeiert wird. Und sogar
die häßliche Blümchentapete und die Klappcouch, die unerläßlich in der viel zu kleinen Wohnung war, sind fast identisch. Die
meisten von den auf den Fotos anwesenden Gäste sind bereits
in Vergessenheit geraten. Ein anderes Motiv zeigt den Vater
oder die Mutter in oder vor der Firma, wo sie gearbeitet haben.
Der Vater posiert darauf mit einem Arbeitskollegen, der, weil
er zufällig aus der gleichen Ecke seiner Heimat stammt, auch
gleichzeitig ein guter Freund war. Sie hocken dabei meistens
halb auf dem Boden und haben die Arme über die Schultern
gelegt. Beide lächeln für die Kamera um die Wette. Die Mutter
steht in der Regel vor einer Maschine oder an einem Fließband,
an denen sie damals arbeiten mußte. Wenn sie nicht gerade Arbeitskleidung tragen, sieht man den Vater in einem Anzug der
siebziger Jahre und den dazugehörigen Koteletten – die ersten
Versuche der Integration in die neue Umgebung. Die Mutter
– kaum wiederzuerkennen – wiegt etliche Kilo weniger und
trägt meistens einen kurzen Rock, den sie später jedoch der eigenen Tochter versucht zu verbieten. Bilder von der Ankunft in
Deutschland sah man damals fast nur im Fernsehen. In priva-

ten Fotoalben fehlen sie meistens. Vielleicht, weil kaum ein Gastarbeiter mit Fotoapparat angereist ist. Vielleicht aber auch, weil die Ankunft auch gleichzeitig der bittere Abschied von Heimat und Familie bedeutete, woran die wenigsten erinnert werden wollten.

So wie die Bilder sich ähneln, ähneln sich auch die Geschichten, die hinter diesen Bildern stecken. Die Gastarbeiterkinder auf den Fotos sind schon lange erwachsen, und das Album scheint wie ein Dokument aus einem abgeschlossenen Kapitel des eigenen Lebens. Was wiederum die Abende, an denen sie herausgekramt und zusammen mit den dazugehörigen Gastarbeiteranekdoten präsentiert werden, im nachhinein besonders lustig macht, auch wenn es in der Zeit nicht viel zu lachen gab.

Das Flugzeug von Istanbul nach Berlin hatte bei mir jedenfalls riesige Propeller. Sie waren so groß, daß ich außer den Propellern nichts anderes sehen konnte. Irgendwann fragte ich meinen Vater ungeduldig, wann wir denn nun endlich ankommen würden. Er antwortete: »Mein Kind, wir sind schon gelandet.« Vor lauter Aufregung, meine Mutter nach einem Jahr wiedersehen zu können, hatte ich nicht einmal bemerkt, daß das Flugzeug gestartet und gelandet war. Sie sei in Deutschland, sagte man mir, immer wenn ich bei den Großeltern nach ihr fragte.

Da waren wir nun in Deutschland, wo Milch und Honig auf der Straße fließen sollten. Ich war so neugierig auf den Wohlstand und Luxus, freute mich auf ein Leben, das so unbeschwert und schön wie nie zuvor sein sollte. Doch nichts entsprach meinen Wunschvorstellungen. Die Villa, die ich erwartete, entpuppte sich als schäbige Einzimmerwohnung ohne Bad und mit Außentoilette. Und die Bananen, von deren Geschmack ich die Hälfte meines siebenjährigen Lebens geträumt hatte, schmeckten gar nicht.

Begonnen hatte alles mit der Armut meiner Familie. Meine Eltern waren nach Istanbul gezogen, als ich noch ein Baby war. Mein Vater nahm verschiedene Jobs an – vom Tellerwäscher bis zum Bauarbeiter. Schließlich saß er eines Tages mit einem Koffer am Straßenrand und versuchte, durch den Verkauf von Herrensocken, Oberhemden und Unterwäsche seine Familie zu ernähren. Das klappte natürlich genausowenig wie bei denen, die heute in Istanbul mit einem Koffer am Straßenrand sitzen. Meine Mutter sagt heute, wenn sie nicht zufällig in einer Tageszeitung die Adresse des nächsten Anwerbebüros in Istanbul gelesen hätte, hätte sie betteln müssen. Symptome der Unterernährung waren bereits bei meinem drei Jahre jüngeren Bruder aufgetreten. Angst habe sie gehabt, erzählt sie. Sie konnte auf einem Ohr nicht hören und wog zudem bei einer Größe von 165 Zentimetern nur 46 Kilo. Doch bei dem Mangel an Arbeitskräften nahm man sogar sie. Also packte sie 1969 mit 23 Jahren ihre Koffer, ließ Mann und drei Kinder im Alter von sechs und drei Jahren sowie acht Monaten zurück, um in einer Berliner Schokoladenfabrik am Fließband zu arbeiten. Das Schrei- und Heulkonzert von mir und meinen Brüdern auf dem Weg zu den Großeltern nach Anatolien dauerte im Zug Stunden. Wie viele andere Männer und Frauen auch, mußte meine Mutter zunächst allein nach Deutschland reisen, um eine Wohnung zu suchen. Eine der schwersten Stunden im Leben unserer und vieler anderer Gastarbeiterfamilien.

Zuerst wohnte sie im Betriebswohnheim mit drei anderen türkischen Kolleginnen in einem Zimmer, bis sie kurze Zeit später eine Bleibe im Norden Berlins, nahe der Mauer, fand. Nun konnte sie meinen Vater nachholen, mit dem sie in den folgenden Monaten dort wohnte. Die Bleibe haben mir meine Eltern als Kind gezeigt, als wir Bekannte, die in der Nähe wohnten, besuchten. Es war eine Zeitungshütte aus Holz, die zu einer Minibude umfunktioniert war, für die sie sogar 65 Mark Miete im Monat zahlen mußten. Es war die kleinste und armseligste Unterkunft, die meine Eltern jemals bewohnt hatten. Viele, nicht nur Deutsche, haben es damals eben verstanden, Kapital aus der Hilflosigkeit und der Unwissenheit der Gastarbeiter zu schlagen. Die Hütte meiner Eltern war zu dem Zeitpunkt unbewohnt. Wahrscheinlich hatte der Vermieter keine Nachmieter gefunden.

1970 fanden meine Eltern schließlich die Einzimmerwohnung mit Außentoilette und Bad im Hinterhof, die ich bei meiner Ankunft in Berlin vorfand. Die Wohnung kostete nur 85 Mark Miete im Monat, also genau richtig für Leute, die möglichst viel Geld in kurzer Zeit sparen wollten. Gern wären sie nach Kreuzberg gezogen, weil sie damals gehört hatten, daß da Türken wohnen. Aber sie fanden nur die Wohnung in Schöneberg, wo es nicht einmal ein türkisches Geschäft gab. Meine Mutter sagt, sie sei ihr nach der Zeitungshütte wie ein Palast vorgekommen. Erst danach konnte mein Vater mich und meine Brüder nach Deutschland holen. Ich war sieben, meine Brüder fünf und zwei Jahre alt. Einige Wochen nach unserer Ankunft ging meine Mutter mit mir zur einer Grundschule, in der es außer mir nur zwei türkische Schülerinnen gab. Sie war zwar etwas weiter weg von unserer Wohnung, aber in der Schule, die bei uns um die Ecke lag, soll es keine Plätze mehr gegeben haben, sagte sie mir damals. Im nachhinein bin ich davon überzeugt, daß das meine Rettung war. Denn bereits nach kurzer Zeit mußten die Schulen in der Nähe unserer Wohnung aufgrund des hohen Ausländeranteils spezielle Klassen einführen. Für mich, die ich als Klassenbeste in den ersten beiden Jahrgängen in der Türkei die Schule immer gern gehabt hatte und deshalb die begehrte rote Schleife an der Schuluniform tragen durfte, setzte zuerst ein tiefer Sturz ein. Der Rektor schlug vor, daß ich die zweite Klasse wiederhole, weil ich sie in der Türkei nicht zu Ende besucht hatte. Im Gegensatz zu mir konnte meine Mutter bereits etwas Deutsch und mußte übersetzen. Ich weinte und bestand darauf, in die dritte Klasse zu gehen, »damit ich nicht ein Jahr verliere«. Probeweise durfte ich es schließlich. Ich schaffte in den drei Jahren halbwegs meine deutschen Klassenkameraden von den Noten her einzuholen. Mein Glück als Kind war, daß ich sehr gerne las und mir bewußt war, daß ich die meisten Probleme in der Schule wegen meiner Deutschkenntnisse hatte. So begann ich sehr früh deutsche Kinderbücher zu lesen und meine Fortschritte bestätigten mir meine Vermutung. Um so mehr wunderte ich mich, daß nicht alle Kinder, deren Muttersprache Deutsch war, nicht automatisch viel besser als ich in der Schule waren. Aber all das nützte nichts. Ich weinte viel, weil mich die Kinder oft als Spaghettifresserin und später als Kanake beschimpften. Außerdem kam ich oft zu spät, weil ich bereits als Siebenjährige um sechs Uhr aufstehen mußte, um meine beiden Brüder zu versorgen. Meine Mutter ging noch bevor ich aufwachte aus dem Haus und kam frühestens am späten Nachmittag zurück. Zu allem Unglück fehlte mir dauernd Arbeitsmaterial wie ein Radiergummi oder ein Lineal. Ich wußte am Anfang nicht, wo ich diese Sachen nachkaufen konnte, wenn sie verloren- oder zu

Ende gegangen waren. Das alles waren für meine Klassenlehrerin Indizien dafür, daß ich auf der Hauptschule besser aufgehoben sei. Ich war zehn Jahre alt, wußte, was eine Hauptschule ist, und schämte mich deshalb sehr. Also ging ich in eine Realschule bei uns um die Ecke, die damals zu den Schulen mit einem guten Ruf gehörte. Zwei türkische Nachbarstöchter, die selber auf eine Hauptschule gingen, überredeten mich schließlich zur Ummeldung. Sie machten mir angst, indem sie mir erzählten, sie hätten gehört, daß man fürchterlich ausgelacht würde, wenn man das Probehalbjahr nicht schafft. Nun wird sich jeder Leser fragen, wo denn die Eltern und die Lehrer waren? Es war eben eine schwere Zeit, gewiß nicht nur für mich. Meine Eltern waren selber ahnungslos und konnten mir nicht helfen. Obwohl sie sich immer sehr gefreut haben, wenn ich Erfolg hatte. Doch einen Ratschlag gab mir meine Mutter immer wieder: »Werde nie finanziell abhängig von einem Mann«, sagte sie.

Irgendwelche gütigen Mächte sorgten dafür, daß ich in dieser Zeit auf der Hauptschule die mittlere Reife schaffte und mit 16 Jahren, 1978, als die geburtenstarken Jahrgänge auf den Ausbildungsmarkt strömten, eine Ausbildung im damaligen Modeberuf Arzthelferin anfangen konnte. Ein Lehrer aus meiner Schule hatte die Lehrstelle für mich gefunden, indem er alle möglichen Ärzte gefragt hatte, bei denen er in Behandlung war. Eine praktische Ärztin, deren Patienten fast zu 80 Prozent Türken waren, ließ sich schließlich überzeugen, daß ich ihr eine Hilfe sein konnte, auch wenn sie keine Lehrlinge ausbildete. Alleine hätte ich sicherlich kaum eine Chance gehabt, einen Ausbildungsplatz in einem Beruf zu finden, für den sich damals sogar Abiturientinnen beworben hatten. Durch die Ausbildung konnte ich auf dem zweiten Bildungsweg das Abitur nachholen und studieren. Das war wiederum wirklich ein Glücksfall: Nicht von ungefähr fragen sich die in Deutschland aufgewachsenen türkischen Akademiker meiner Generation als erstes, wenn sie sich kennenlernen: »Wie hast du es geschafft, das Abitur zu machen.«

Die ungewöhnlichsten Geschichten kommen dabei zum Vorschein. Eine Freundin erzählte beispielsweise, daß es bei ihr reiner Zufall gewesen sei. Sie hätte eine Realschulempfehlung bekommen und wußte nicht, was sie mit ihrem Zeugnis anfangen soll. Schließlich zeigte sie es dem Vater ihrer deutschen Freundin, die eine Gymnasialempfehlung bekommen hatte. Der nahm sie in eine Schule mit und meldete sie mit seiner Tochter zusammen dort an. Vielleicht schaffst du es, sagte er ihr damals. Sie schaffte schließlich den besten Notendurchschnitt ihres Jahrgangs. Auch als ich sie kennenlernte, holten wir unsere Fotoalben heraus und amüsierten uns über die lustigen Bilder mit den europäisierten Anatolen und fragten uns am Ende scherzhaft, warum wir eigentlich nicht magersüchtig geworden sind.

Die Gastarbeiterkinder auf den Bildern sind heute inzwischen dreißig bis vierzig Jahre alt. Die Fotografien in ihren Alben enthalten mittlerweile ganz andere Motive. Darauf sieht man beispielsweise das Aufwachsen ihrer Kinder: auf dem Spielplatz, im Kindergarten und bei der Einschulung. Ebenso machen sie in dem Land, aus dem sie stammen, Urlaubs- statt Erinnerungsfotos. Mit dabei sind auch Bilder von der letzten Betriebsfeier, die sie mit deutschen Kollegen zusammen gefeiert haben. Dazwischen Bilder von der Hochzeits- und Beschneidungsfeier türkischer Freunde. Türken in der Türkei erkennen sie ganz leicht. Nicht etwa an ihrem Mercedes, sondern an ihrem deutschen Akzent.

# Nicole Bertram
## wie gülsün zur welt kam

/ UND RECHTER HAND VIERFARBENKULI
will nichts schreiben fertig bringen nur synchrone lustigkeit auf weißem papier nein nicht weiß natürlich nicht eher öko so grau wie leichenhaut.
/ bewerbungsschluß liegt ihr im nacken hat festgekrallt sich und besitz ergriffen doch sie weder plan noch schimmer wie das feature konturenlos auch sie weich das gesicht und blasse haut will einfach nichts hergeben.
/ es war dies eine chance die letzte denn gudrun wollte endlich was machen in den medien mußte es sein und irgendwas anderes als die kinderseite der tageszeitung war ihr nicht genug und sie doch was besseres.
/ so hatte sie eine beraterin hinzu und daher den tip bezogen mit den jungen türkinnen in d da könne sie sicher gehen denn mehr wollte sie nicht als ankommen endlich raus genommen werden zugehörig sich fühlen heimat endlich verbrieft und mit stempel bitteschön.
/ und gudrun saß auf grinda dem sofa den leeren blick aufs knie gerichtet und zum fenster hinaus gegenüber der balkon die wäsche frau und familie wie viele kinder da wohl waren? ein gör mindestens das hatte sie gehört die rhythmen hiphop rap was auch immer wußte sie nicht in so fremder sprache kein wort drang durch zu ihr nur störung dumpf und ruhe wollte sie haben endlich für prüfung …
/ dabei war sie einst günstig gewesen diese lage und sie froh überhaupt hier … ihr vater hatte dies appartement gefunden und die möbel noch dazu hübsch eingerichtet aufgeräumt sowieso nicht von dauer würde es sein diese lage da kann man ruhig ein paar abstriche machen bis zum ende des examens dann erst würde es losgehen mit ihr bis dahin hielt sie abstand von der straße hoch genug im dritten stock provisorisch in warte-

schleife über hundertzwanzig nationalitäten das hatte sie mal gelesen irgendwo und sich gefragt ob dies nicht ein experiment und sie teil davon und starrte auf ihren stift und konnte sich nicht entscheiden welche farbe denn alle zusammen ging nicht gab nur hübsche multikuli schleifen.
/ nein sie war nicht gerne dort unten in den hauseingängen wo man sich traf um geschäfte zu machen und die bösen blicke suchende hungrige augen die sie mied nein sie wollte nichts damit zu tun haben mit den nächten und dem treiben und seinen resten in die hinein sie stolperte ihr zu füßen jeden morgen die abgelegten körperflüssigkeiten ein einziger gestank das parfüm der straße nein sie roch nach revolution baby aber bitte nicht so nicht hier vor ihrer haustür wer soll das denn wegmachen das ganze zeug?
/ und die versuche sie zu ignorieren diese blicke im sommer der minirockzeit wenn sie nur ruhe wollte und nicht gelassen wurde umzingelt immer nur nein sagte freundlich bis zum körperkontakt und nein das konnte sie nicht zulassen und dann das kontra ihr ins gesicht und nein so war sie doch nicht und schluckte denn sie hätte doch niemals war doch nicht so wollte nur wieder ruhe im land ihrer kultur nein nichts gegen diese nur frauen sind eben anders hier und auch du mußt das akzeptieren und so etwas darf doch auch einmal offen gesagt werden so gudrun.
/ den schuh ließ sie sich wirklich nicht anziehen nur links war doch auf dem konzert gewesen damals aufm chlodwigplatz arsch huch geile stimmung und party und schrecklich nette leute ihr halbes grundlagenseminar und's war echt kühl gewesen damals und ja all die annehmlichkeiten döner kiosk nonstop das kam ihr entgegen ihrer schludrigkeit wenn sie cola holte morgens immer gestreßt und im kiosk hielt man die flasche schon bereit wie aufmerksam und nett auch dieses eingespielte ritual wenn sie pizza ohne fleisch bestellte – schönes fräulein kein fleisch? nein sagte sie und nahm vielleicht noch eine pepperoni dazu.
/ drei jahre wohnte sie nun hier inmitten des specks davor und über ihn sinnierend wie sie ihn kriegen sollte ohne in die falle zu laufen und setzte wasser auf fürs abendessen süß-sauer diesmal bei ihr gab es nie eintopf oder kasseler mit sauerkraut wie bei muttern davon wollte sie nichts mehr haben die zeiten wa-

ren vorbei und schön bunt sollte es sein das essen nur raus aus die kartoffeln.
/ sie hatte keinen reis mehr und es war schon nach acht.
/ so mußte sie noch einmal die stufen hinunter zum kiosk sich ärgern über verlorene zeit und sie nutzen um verwertbare erinnerungen einzusammeln viel war es nicht höchstens ihr freund damals kein türke nur iraner halb d um genau zu sein und seine drei brüder alle so un-iranisch vater akademiker und mutter tänzerin natürlich oberschicht die waren anders sowieso und doch hatte es immer wieder streit gegeben 's war wohl wieder mal das persische gewesen als er die kopftücher verteidigte während sie frisch lila-gesträhnt ihren femi-trip fuhr und nichts verstand damals echt nicht.
/ sie hatte ihr portemonnaie vergessen und rot ihre wangen während die frau mit dem nasenstecker verschwand und mit einer tüte reis zurückkehrte.
/ – was macht das? fragte gudrun. – ich zahl's beim nächsten mal.
/ – schon gut.
/ – danke, aber ich kann doch nicht …
/ da war es also wieder das stigma klebrige arroganz und nachlässigkeit und gudrun erkannte es immerhin war schon ein fortschritt doch wieder der versuch gescheitert sich und zu geben wie damals in england als sie ein eis bestellt hatte mit britischem akzent das war ihr wichtig diese mimikry und sie da nicht die einzige in ihrem alter und dann die enttäuschung als es hieß – guten appetit fräulein.
/ jedenfalls blieb sie eine ganze weile vor der theke stehen und sah die pepperoni im wasserbad und fühlte sich wie ein fisch unter ihnen so weich und blöd und kalt und typisch d eben.
/ – dann noch einen schönen abend wünschte die frau hinter der kasse.
/ – ja danke gleichfalls antwortete gudrun und rührte sich nicht vom fleck.
/ denn etwas schien sie hier festzuhalten sie wußte nicht was dunkel und unheimlich das ganze die augen der frau gegenüber als stehe sie vor sich selbst dabei war ihr aussehen doch anders höchstens die haarfarbe hellbraun nicht schwarz und dauergewellt und h-und-m und goldschmuck doch nur äußerlichkeiten dahinter mußte noch anderes stecken schien man etwas

über sie zu wissen und war es nicht so daß gerade die orientalen …?
/ gudrun überlegte strengte sich an wollte besondere vorsicht walten lassen hier denn ihr lag viel an dieser begegnung hatte sie doch gehört wie schwierig es sei hier vertrauen und ihre mission war schließlich nicht uneigennützig trug auch etwas im schilde ihr blick was die andere zu bemerken schien.
/ und so blieb es an ihr der fremden hängen zu fragen ob beim film denn sie habe sie gestern gesehen vorm laden mit ausrüstung und – ja ach so das sagte gudrun die kamera habe ihr ein kumpel geliehen und das war ihr einstieg und stichwort fürs projekt und sie fragte ob und die frau sagte – ja ihr name sei ayla und sie wurde eingeladen für den nächsten abend.
/ enttäuschend war die nacht gudrun hatte auf schlaf gehofft und eingebung war aber leer ausgegangen und ihr so nichts übriggeblieben als in die stadt zu fahren auf materialsuche.
/ in der bahn eine südländische frau gegenüber wie unglücklich dachte gudrun und lächelversuch denn die arme wurde bestimmt vom manne geschlagen nicht selbst gewählt ärger auf 'er arbeit oder gar keine die kleine wohnung wenn überhaupt folter oder die fehlende genehmigung sich aufzuhalten hier schien ohnehin nicht ihr plan man sah es ihr an und sie ins leere bis der damm ihrer lippen gebrochen und die wörter heraus und keiner wollte hinsehen zu eklig was dort raus kam.
/ schau nur diese blonde hexe da vorne mit ihrem scheiß kinderwagen hält sich wohl für die scheiß größte hier dabei schau dir nur mal ihre kleider an nicht mal richtig sauber sind sie diese scheiß deutschen alte schlampe wir müssen immer ordentlich sein immer brav und die können sich alles erlauben diese huren lassen sich ordentlich aushalten von ihren scheiß männern den deutschen und färben sich die haare und können es sich leisten so rumzulaufen wie die letzten schlampen …
/ nicht hinsehen dachte gudrun nur nicht ansehen wie die anderen mitreisenden das kam schließlich öfters vor war nicht neu daß jemand mit sich selbst sprach an öffentlichen orten so normal war das hier und nicht wert der kenntnisnahme nur merkwürdig schon fand gudrun irgendwie verdächtig wer hatte dieses für sie bestellt?
/ und zu hause kamen der türkischkurs und die bücher auf den schreibtisch zur sezierung fein säuberlich zurechtgelegt das wis-

sen der siebziger die frauen mit doppelnamen mehr gab es nicht und gudrun machte sich notizen sozialkritisch wie journalistisch und fühlte sich auch so und deshalb gut fand sogar ein bild und dies recht passend und's wurde dreimal unterstrichen.
/ zwischen zwei welten
/ dabei wollte sie es belassen vorerst und weiter einsaugen die nahrung papierne und vergaß darüber zu essen so hatte es sie gepackt das thema am schlafittchen nicht mehr losgelassen bis das konzept schön sauber und putzte und saugte ihre wohnung wie lange nicht mehr denn ayla sollte bloß nicht denken daß … und nahm platz auf grinda rechter hand türkischbuch und wartete und dann – merhaba und ayla sagte nur – hallo.
/ und sah das buch in gudruns schoß und gudrun holte ihr konzept hatte sich wirklich mühe gegeben war besonders stolz auf die idee mit der perspektive weil also sie dachte nämlich es sei eine gute idee das ganze von einer leiter herab und ayla und familie mittendrin in teppichen andenken und allerlei symbolen also um die ausweglosigkeit ein bißchen … wie faßbinder oder 40m$^2$ d und ob ayla den schon gesehen habe? – ja sagte ayla und dann – vergiß es.
/ – was?
/ – vergiß es wiederholte ayla und versprach ein interview zerriß den zettel und bestand auf vetorecht sonst nix interview sagte sie und lachte und gudrun gab sich damit zufrieden was auch sonst? die waren halt so die orientalen und aylas blick schien auf einmal stark und kräftig.
/ – als erstes schlug ayla einen anderen drehort vor gudruns zimmer warum nicht und direkt hier aufm sofa vor den beastie boys die fände sie auch cool und öffnete ihr haar und setzte sich in pose – fangen wir an und gudrun hielt die kamera.
/ nein religiös sei sie nicht sagte ayla anders als ihre eltern doch dies eher schein und festhalten an alte zeiten die märchen ihrer eigenen jugend das könne sie verstehen und auch andere in ihrem alter würden so denken in letzter zeit anders als sie aber zu denen habe sie nicht viel kontakt anders als ihre familie sei ihr schon sehr wichtig was die denken von ihr anders als die gesellschaft interessiere sie nicht filme würde sie vielleicht drüber machen eines tages und ja ihre eltern hätten schon damit probleme päpstlicher als der papst seien sie manchmal so sage man doch oder? fern der tradition werde diese eben um so wichtiger

und festgehalten sie an kurzer leine um nicht doch zu entgleiten eines tages was bliebe ihnen dann noch? anders als ihre beiden brüder die jünger als sie und einer hat 'ne d geheiratet – hauptsache glücklich meinen die eltern und manchmal auch – sie ist halt eine d nicht entschuldigend da wollen sie keine partei beziehen auch wenn es schwerfällt manchmal soviel hoffnung hatten sie doch in ihn gelegt anders als bei ihr dem mädchen hier war es egal was draus wurde hauptsache verheiratet ja ihr vater habe sie schon bevorzugt anders als die mutter die hatte es mehr mit den jungs wie überhaupt in der türkei wo sie geboren lange vor ihren brüdern anders als das datum in ihrem paß denn man hatte sie erst mit der geburt des ersten bruders angemeldet sie hatte vorher also gar nicht existiert eigentlich und gudrun echauffierte sich und fragte ob sie versprochen und ayla sagte – ja wolle aber noch nicht heiraten nicht ihn und doch einen türken irgendwann vielleicht anders als ihre beste freundin die wär schon damit einverstanden mit diesem plan denn mal ehrlich was ist denn geworden aus den d-frauen und -männern und ihren feldversuchen? sie habe noch nie probleme gehabt mit türkischen männern zum beispiel im arbeiterverein wo sie tavla mit ihnen spiele und immer gewinne was sie bereits zweifeln ließ an ihrem geschlecht doch nie böse gemeint und ach ja im ramadan würde sie auf alkohol verzichten und ja sie habe nicht viel kontakt zu den ds so im privaten.
/ und dann war die zeit auch schon rum zwei stunden im kasten und ayla sauer weil gudrun ihr die filmausrüstung nicht ausleihen wollte.
/ am nächsten tag kam ayla dann doch wieder.
/ und sagte ihr vater habe ihr die filmaufnahmen verboten aus religiösen gründen und gudrun dachte nur an den abgabetermin nichts anderes kam ihr in den sinn nicht ein klarer gedanke und ayla schlug vor das ganze noch mal zu drehen mit ihrem text und gudrun als türkin namens sagen wir gülsün?
/ aber ... wiedersprach gudrun sah jedoch ein daß keine wahl blieb nicht wirklich und sie sahen sich die aufnahmen vom vortag noch einmal an machten sich notizen und gudrun lernte ihre rolle einfacher als sie gedacht hatte und zeigte ayla wie die kamera funktionierte sie das licht einstellen und das objektiv halten und ausrichten mußte auf sie und ayla drückte auf aufnahme.

/ und später im schneideraum gudrun und der fertige film und ihre eigene stimme alleine sie sprach von familie den eltern und sorgen was wohl die nachbarn in dem kleinen dorf dem anatolischen und wann sie endlich vernünftig werden und heiraten würde wie sie selbst nichts anderes kannten als dieses märchen anders als bei ihrem bruder – hauptsache glücklich hieß es da doch nicht bei ihr da zählte anderes und …
/ sie zögerte ihren namen als regisseurin anzugeben ja es war ihr film geworden und typisch d wieder einmal was sonst hatte sie erwartet eigentlich wie hätte sie es denn machen sollen anders? und reichte ihre mappe ein fristgerecht die bitte um aufnahme und wartete.

# Hung-min Krämer
**Auslenderr**

ICH BIN AUSLÄNDER, EIGENTLICH Ausländerin. Ich komme in den Chinesenhimmel.

Das hat mir der Nachbar meiner Pflegeoma gesagt, als ich ihn mit großen Augen ansah, die Welt noch nicht kannte und dem Himmel vielleicht noch ein Stück näher war als er. Aber er schien sich dort genau auszukennen. Es gibt einen Himmel für Hunde und Katzen, sagte er, und einen für kleine Chinesenmädchen wie mich. Mich hat das damals eigentlich gefreut.

Obwohl er schon komisch war, der Nachbar mit seinem Stock und Strohhut und den ganz kleinen Augen hinter den dicken Brillengläsern.

Meine Eltern leben – getrennt. Das heißt, sie leben beide in Deutschland, sogar in derselben Stadt, und sie leben noch, beide – Gott sei Dank; aber geboren sind sie in zwei ganz verschiedenen Provinzen Chinas. Allein geographisch liegen diese beiden Provinzen so weit auseinander wie Schweden und Italien. Und der Unterschied in den Mentalitäten ist mindestens ebenso groß. Deshalb freuen sich auch alle Chinesen, wenn sie im Ausland jemanden aus der gleichen Provinz treffen, aus der sie selbst kommen, und wie groß ist erst die Freude, wenn man gar aus derselben Stadt kommt oder sogar demselben Dorf.

Im Norden Chinas ißt man hauptsächlich Mehlspeisen oder Nudeln als Beilage, so wie in Deutschland Kartoffeln, aus denen man ja auch unendlich viele verschiedene Speisen machen kann, und im Süden Chinas ißt man den vielbesagten Reis. Nicht umsonst sagt man, daß man ist, was man ißt, oder: die Liebe geht durch den Magen. Denn eigentlich sollte man nur jemanden heiraten, der aus derselben Provinz kommt wie man selbst. Erst gestern sagte mir meine Mutter, daß doch nichts über eine einfache Nudelsuppe geht (die man möglichst laut in sich hineinschlürfen muß, die Schale an den Mund gehoben und mit den Stäbchen nur etwas nachhelfend), während mein Vater vom Duft des frischgedämpften Reises schwärmt und sich kaum für gedämpfte Hefeballen aus Weizenmehl erwärmen kann.

Meine Mutter allerdings hat damals meinem Vater zwei Eier gebracht, so erzählte sie mir einmal. Sie ist dafür zehn Kilometer zu Fuß gegangen bis zu dem Ort, an dem mein Vater die Vorlesungen an der Universität besuchte. Eier waren damals eine kostbare Delikatesse. Zumindest wohl für die meisten Menschen. Oder zumindest für meine Mutter und vielleicht auch für meinen Vater. Und außerdem war es sehr warm gewesen.

Mein Vater bekam ein Stipendium und reiste nach Deutschland. Das war 1959 in Taiwan, damals sagte man Formosa.

Meine Mutter blieb zurück. Das heißt, sie ging nach Korea. Mit meiner Schwester, die gerade erst geboren worden war. Genauer gesagt, lebten sie bei dem Bruder meiner Oma in Korea.

Als meine Schwester ungefähr vier Jahre alt war, rief mein Großonkel, den ich nie gesehen habe, meine Mutter zu sich. Sie war gerade dabei gewesen, sich über einer Schüssel (einer Metallschüssel, stelle ich mir vor) die Arme zu waschen und lief sofort mit nassen Armen zu ihm.

Sie sagt, sie wird es nie vergessen, wie sie dastand, den Seifenschaum, der auf ihren Armen trocknete, und die Tränen in den Augen.

Mein Vater – ein Halunke, ein Taugenichts, ein verantwortungsloser Tagträumer, wann er sie endlich nachholen wolle mit dem Kind. Natürlich waren das nicht seine Worte, aber ich denke sie mir so, weil meine Mutter noch immer so verletzt ist. Sie hat mir, glaube ich, nur einmal davon erzählt, aber es hat auch mich sehr *beeingedrückt*.

Mein Vater war der beste Student seines Landes. Er wurde von Konrad Adenauer persönlich in Deutschland willkommen geheißen. Er hat ihm die Hand gedrückt.

Dann verspielte sich mein Vater die Gunst seines Professors. Die Gunst meiner Mutter hatte er ja schon verspielt, obwohl dann noch meine jüngere Schwester zur Welt kam und er mir einmal erzählte, daß er in dem Moment, als er mich zum erstenmal in seinen Armen hielt, den Entschluß gefaßt hatte, eine *richtige Familie zu sein* – aber wie macht man das? Noch dazu allein in einem fremden Land. »Allein« deshalb, weil er den Entschluß, glaube ich, nur für sich selbst gefaßt hatte, ohne davon meine Mutter in Kenntnis zu setzen, das hätte vielleicht auch mehr Beziehungsarbeit erfordert, als meine beiden Eltern zu leisten in der Lage waren. Doch zurück zu dem Professor und dem Promotionsstipendium meines Vaters, das abgelaufen war. *Er hatte anderes im Sinn.* Er mußte Geld verdienen. Meine Mutter und meine Schwester (und später uns drei Schwestern) ernähren. Er organisierte die ersten Ausstellungen moderner chinesischer Malerei in Deutschland. Heute berühmte chinesische Maler haben ihm damals ihre Bilder geschickt und manche geschenkt. Viele der Bilder sind beim Verkauf unseres Hauses verlorengegangen. Das war natürlich viel später. *Es geschah alles so Hals über Kopf.* Plötzlich war ich allein und zog zu meiner Patentante, weil ich kurz vor dem Abitur die Schule nicht mehr wechseln wollte. Meine Mutter hatte Teile unseres Hausrates im Kirchturm der Heilig-Geist-Kirche verwahrt. Dort sind dann ihre schönsten Chi-paos gestohlen worden. Und manches lagert noch immer in den Garagen oder Kellern damaliger Bekannter. Vieles ist verlorengegangen damals. Unsere Katze mußten wir bei Nachbarn lassen. Ich hing sehr an ihr, und doch war klar, daß sie dableiben würde. Ich hatte in einem meiner Katzenbücher gelesen, daß Katzen mehr auf den Ort fixiert seien als auf Personen, und so wollte ich sie nicht aus ihrer Heimat reißen. Na ja, und spätestens bei meinem Umzug nach Köln hätte ich sie zurücklassen müssen. Meine Tante hatte schon einen Kater.

Aber meine Eltern haben auch schon vorher in China viel verloren. Seltsamerweise verliert man Menschen ebenso einfach wie Dinge. Mein Opa mütterlicherseits ist im Krieg vermißt worden; ehrlich gesagt, ich weiß noch nicht einmal, wie sein Vorname lautete. In China oder *auf chinesisch* gibt es für die Verwandten väterlicherseits und mütterlicherseits eigene Namen, so daß ein Außenstehender sofort weiß, in welchem verwandtschaftlichen Verhältnis derjenige, von dem die Rede ist, zu demjenigen steht, der gerade spricht, und außerdem ist es unhöflich, die Verwandten anders anzusprechen als eben mit dieser Verwandschaftsbezeichnung. Nur die Tanten und Onkel, Cousins und Cousinen erhalten zur Unterscheidung noch den Namenszusatz.

Die einzige Geschichte, die mir mein Vater und meine Mutter gemeinsam erzählt haben, ist die von dem Hochwasser. Sie mußten unbedingt das Schulgebäude erreichen, weil es das einzige mehrstöckige Gebäude des Ortes war. Das Wasser hatte schon die Türen verschlossen, und sie konnten nur noch aus dem Fenster steigen. Sie hatten meine Schwester, die damals vielleicht ein halbes Jahr alt war, in eine Decke gerollt. Als mein Vater durch das Fenster stieg, rutschte meine Schwester aus der Decke ins Wasser. Glücklicherweise haben sie sie aber sofort wieder herausgefischt. Jetzt lebt sie in Kanada. Sie ist ausgewandert.

Es gibt auch Ausländer, die haben keine Geschwister, allerdings kenne ich davon nur sehr wenige. Vielleicht, weil ich in Deutschland lebe und Deutschland eine andere Ausländerzusammensetzung hat als etwa Indien. Eigentlich fällt mir nur eine Freundin ein. Ihre Eltern kommen aus Indien, und sie fühlt sich bei ihrer Promotion sehr unglücklich. Sie spielt sehr gut Kontrabaß. Sie wird uns morgen besuchen kommen und bei uns wohnen. Sie lebt in Berlin.

Ein anderer Freund hat einen jüngeren Bruder, der noch bei den Eltern in Taiwan lebt. Er selbst promoviert über Kant und schreibt und schreibt. Er hat eine deutsche Freundin geheiratet, die, so sagte sie mir selbst einmal, manchmal denkt, sie habe den größten Fehler ihres Lebens gemacht; aber die Betonung liegt auf manchmal. Nachdem sie zuerst Arabisch gelernt hat und Deutschlehrerin für Ausländer werden wollte, lernt sie jetzt Chinesisch.

Sie werden zusammen nach Taiwan ziehen.

Eigentlich war sie immer mehr die Freundin meiner jüngeren Schwester, und als sie das erste Mal bei uns zu Besuch war, war sie total überrascht, denn sie sagte, bei uns sähe es *total chinesisch* aus. Eigentlich sähe es genauso aus wie bei ihnen. Das Stäbchenbündel im Glas, die Sojabohnen und der Bleichsellerie auf dem Kühlschrank in der Schale, die Schuhe im Flur, (die Unordnung?), vielleicht meinte sie sogar die Einrichtung. Mir war das nie aufgefallen. Wir hatten nur versucht, daß unsere Wohnung weder aussah wie ein Komplettangebot von Möbel Porta, noch wie aus ›Schöner Wohnen‹ oder ›Atrium‹.

Aber ich weiß noch, wie *erleichtert* ich *irgendwie* war, als ich zum ersten Mal Freunde meiner Eltern in Taiwan besuchte. Er war ein Studienkollege meines Vaters gewesen und hatte auch in Deutschland studiert. In Taiwan war es sehr heiß, es war Hochsommer, Taifun-Zeit. Ich war im klimatisierten Taxi zu ihnen gefahren, eins von den unzähligen in Taipeh. (Dieses war mit weißer Spitze über blauen Kunstlederbezügen ausgekleidet.) Beide erwarteten mich schon. Es ging durch das Holztor in der graugeschlämmten Gartenmauer unter fremdartigen, kleinblättrigen Baumgewächsen im Schattenlicht durch den Kücheneingang. Ein jadegrüner Kühlschrank war das erste, das ich sah, hoch, wie aus amerikanischen Filmen. Ich bin leider noch nie in Amerika gewesen. Frau Liu bot mir eine kühle Süßspeise an. Eine eisgekühlte Suppe aus grünen Sojabohnen, Lotuskernen, roten Datteln und mehr. Eine Köstlichkeit. In Spanien, das weiß ich von einem Freund, der mich dazu schon eingeladen hat, gibt es eine kalte Suppe aus Tomaten, und in der Türkei gibt es sie aus Gurken.

Das Wohnzimmer sah genauso aus wie früher bei uns, als wir unser Haus noch hatten. Also bevor wir es verkaufen mußten. Es war seltsam. So ein Wiedererkennen.

Dabei hatten sich meine Eltern sicher nicht bemüht, das Wohnzimmer oder die anderen Räume chinesisch einzurichten. Es waren ganz normale deutsche Möbel, vielleicht nicht die allermodernsten eben.

Natürlich hatten Liu's nicht etwa die gleichen Möbel oder die gleichen Bilder, nicht einmal die Anordnung der Sitzgelegenheiten oder der Regale und Schränke war dieselbe, nicht einmal der Zuschnitt der Räume war gleich. Es war einfach die Atmosphäre. Die chinesischen Zeitungsstapel, die Art und Weise, wie die Regale gefüllt beziehungsweise dekoriert waren, ich weiß es schon gar nicht mehr. Ich habe mich schon oft gefragt, woran es liegt, daß eine Wohnung chinesisch aussieht. Ob es diese Gleichgültigkeit gegenüber irgendeiner Ästhetik ist? (Man stellt nämlich zum Beispiel in China etwas ins Regal, weil es anderswo im Weg wäre und nicht etwa, damit es gut zur Geltung kommt.) Die chinesischen Wohnungen jedenfalls, die ich kenne, haben auch nichts mit Feng Shui zu tun.

Überhaupt finde ich es ganz schwierig, *Ausländischsein* zu beschreiben. Vielleicht sind es die Möbel. Vielleicht ist es das Essen. Vielleicht ist es die Kleidung. Vielleicht ist es die Sprache. Vielleicht ist es sogar das *Denken*.

Auf der Venloerstraße, noch fast am Friesenplatz, neben dem Baghwan-Restaurant gibt es eine gute deutsche Metzgerei. Mittags kann man dort Kasseler mit Kartoffelpüree und Gemüse oder Grünkohl mit Mettwurst oder Erbsensuppe mit Einlage und derlei Dinge für *unter zehn Mark* essen, und während der übrigen Geschäftszeit werden immer frische belegte Brötchen angeboten. Man kann sich selbst aussuchen, womit. Zum Beispiel mit gekochtem Schinken, mit Fleischwurst oder Salami, mit Braten (und Remoulade), Zunge, Leberwurst, Blutwurst, Sülze, rohem Schinken oder sogar Käse, Hartkäse und Frischkäse. Und genau in diese Metzgerei spazierte eines Vormittags eine Dame um die Sechzig. Sie hatte graues dauergewelltes Haar, trug einen beigen Blouson, einen plissierten, leicht gemusterten Rock, einfaches Schuhwerk, eine Handtasche im Arm und eine Einkaufstüte aus Polyester in der Hand, mit ungefähr demselben hellblauen Muster wie der Rock, und verlangte nach einem *gegrillten Schweinsohr*, das sie soeben im Schaufenster gesehen hatte. Tatsächlich lagen davon mehrere im Schaufenster, und als die Verkäuferin es ihr einpacken wollte, bedankte sich die Dame und sagte, sie wolle es gleich hier auf der Hand essen. Sprach's und ging knusperndeweise hinaus!

Ich fand das befremdlich. Das hatte ich noch nie gesehen. Ein echtes Schweinsohr vom Metzger. Gegrillt. Auf der Hand.

Das sind die Nachkriegs-Deutschen, jaja, *die Nachkriegs-Deutschen*, die essen ganze gegrillte Schweineohren auf der Hand, wer weiß, vielleicht essen sie sogar Ringelschwänze gegrillt. Ochsenschwänze jedenfalls. Das kann sich ja heutzutage auch kein Großstadtkind mehr vorstellen. Was so mit den Tierteilen geschieht.

In China kocht man manchmal ganze Hühner in der Suppe. Mit Kopf und Füßen kommt dann das Huhn im Suppentopf auf den Tisch. Und auf wen dann der Hühnerkopf zeigt, der ist unerwünscht. So ähnlich wie beim Flaschendrehen mit 14, nur bekam derjenige dann einen Kuß. Oder man ißt Entenhälse, ganz zu schweigen von den berühmten Hühnerkrallen, Schwalbennestern, Tintenfischohren oder Maracujarogen. Aber ich lasse mich gehen.

Meine Mutter würde nicht mehr zurückgehen in ihre Heimat. Sie kennt niemanden mehr dort. Sie war 15, als meine

Oma sie mit ihrem jüngeren Bruder an der Hand losschickte. Nach Korea. Weg von den Maisfeldern mit den Maiskolben, aus deren Fäden man Haare für die Puppen machen konnte, und weg von dem klaren Bach mit dem hellen Kiesgrund, aus dem meine Mutter mit der Hand Fische fing. Mein jüngerer Onkel ist dann bei einem Arbeitsunfall ums Leben gekommen. Ein Stromschlag. Ich kenne nur ein Schwarzweißfoto von ihm, ein Porträt mit einem weißen gezackten Rand, eigentlich ist es eher grau-weiß, sein Gesicht wirkt ganz hell, fast leuchtend vor dem grauen Hintergrund. Er sieht meiner Mutter sehr ähnlich oder sie ihm; aber er hatte abstehende Ohren. Ich sage hatte, weil er ja jetzt tot ist. Meine jüngere Schwester hat ein Ohr von ihm geerbt. Das andere kommt mehr aus der väterlichen Linie. Sicher würde sie nicht wollen, daß ich das hier so einfach erzähle. Ausplaudere, sozusagen. Als wir klein waren und noch eine richtige Familie, hatte mein Vater bei allen möglichen Dingen immer den Ehrgeiz, es selbst zu machen. Paßfotos zum Beispiel. Er kaufte sich also eine gute Kamera und eine riesige Bahn schwarzen Stoffes, und dann machte er mit meiner kleinen Schwester und mir Paßfotos. Dazu mußten wir alle unsere Stehlampen ins Wohnzimmer tragen, damit es hell genug war. Aber das Schwarz des Hintergrundes verschluckte fast unsere Haare, und bei meiner kleinen Schwester stahl sich das eine abstehende Ohr hinter einer Haarsträhne hervor und sah aus wie ein kleiner weißer Fuß. Das hatte ungefähr dieselbe Wirkung, wie jemandem Häschen-Ohren zu machen, ohne daß er es merkt. Wir mußten damals beim Anschauen der Bilder sehr lachen.

Später benutzten wir den schwarzen Stoff zur Dekoration des Gedenkaltars für meinen verstorbenen Opa, väterlicherseits. Das machte man damals so. Ich glaube, man macht es auch heute noch so, nur nicht hier oder nicht mehr hier. Mein Vater und meine Mutter trugen schwarze Armbinden zum Zeichen der Trauer. *Das war auch zu der Zeit.*

Die *wilden Siebziger*, meine ältere Schwester hatte es nicht leicht mit meinen Eltern. Das war einmal die Zeit, Schlaghosen, Batik-T-Shirts, Stirnbänder und *Kajal* und zum anderen meine Eltern. Meine ältere Schwester war es, die mir den ›Herrn der Ringe‹ zu lesen gab, die Ausgabe von 1975 steht heute noch ganz zerfledert in unserem Bücherregal. Sie versuchte mir politische

Lieder beizubringen, als ich 13 war, an eines erinnere ich mich, glaube ich, noch: »Spiel nicht mit den Schmuddelkindern, sing nicht ihre Lieder …«, und von ihr ist auch die akustische Gitarre, die jetzt noch verstaubt bei meiner Mutter hinter dem Kleiderschrank steht. Heute ist das alles mindestens so weit weg wie Bottrop von Recklinghausen oder Schwerte. Ihr erster Freund hieß Thomas, und zusammen machten sie seltsame Figuren und Aschenbecher aus gebranntem und glasiertem Ton. Als mein Vater sie einmal verprügelte, schrie sie, daß sie einen Schwarzen heiraten würde. Ich glaube, sie würde nicht wollen, daß ich das hier erzähle. Obwohl, wahrscheinlich erinnert sie sich überhaupt nicht mehr daran. Genaugenommen glaube ich, wäre es ihr egal. Oder noch wahrscheinlicher fände sie es interessant, daß ich mich daran erinnere, obwohl sie sich gar nicht mehr daran erinnert. Zumal sie jetzt, viele, viele Jahre später, einen unorthodoxen Juden geheiratet hat, einen amerikanischen Juden, dessen Eltern die Hälfte des Jahres in New York leben und die andere Hälfte in Florida. So wie mein älterer Onkel mütterlicherseits, der die eine Zeit des Jahres in Korea in Pu-San lebt und die andere Zeit in Los Angeles.

Mein Mann hat eine Chinesin geheiratet, das sagt er zumindest immer (mein Vater dagegen sagt, ich sei gar keine richtige Chinesin, und dann sagt er wieder, ich sei nun mal Chinesin und würde es auch immer bleiben), unsere Trauzeugen waren spanisch und halbkoreanisch. Außerdem wohnt zwei Stockwerke über uns eine Frau, die ist mit einem Türken verheiratet, und ich war mal mit einem Griechen befreundet. Es ist sowieso erstaunlich, daß mein Mann mich sofort heiraten wollte. Heutzutage haben viele Männer, glaube ich, Angst vor der Ehe.

Ob sich meine Eltern noch daran erinnern, daß meine jüngere Schwester und ich auf der Kücheneckbank vor unseren Tellern saßen und so laut schrien, wie wir konnten, während wir uns die Ohren zuhielten, weil meine Eltern sich stritten?

Ich glaube, anders sind Ausländer schon. Anders ist man schon, wenn man nur in einem anderen Dorf geboren ist, in einem anderen Viertel, in einem anderen Haus, in einem anderen Bett, aus einem anderen Schoß. Noch nicht einmal meine Schwestern und ich sind gleich.

Aber ich weiß nicht, ob die Unterschiede mit der geographischen und zeitlichen Distanz wachsen. Außerdem kommen da ja mehrere Faktoren zusammen, die sich wieder aufheben können. Zum Beispiel werden ja überall auf der Welt stündlich, also sozusagen gleichzeitig, neue Menschen geboren. Manche finden ähnliche Verhältnisse vor wie andere und werden dadurch bestimmt, andere interessiert das überhaupt nicht. Obwohl, zugegebenermaßen, meine Schwestern und ich doch eine unterscheidbare Einheit zu anderen bilden, aus immer anderen Gründen.

Ich muß übrigens mein Vorhaben zurücknehmen, oder wie sagt man bei Vorhaben? Aufgeben? Annullieren? Umformulieren? Es ist ganz und gar unmöglich, alles zu erwähnen, was man über Ausländer weiß oder zu wissen glaubt. Und außerdem, was kann man über Ausländer wissen, was man nicht auch über andere weiß? Ich müßte ganze Lebensläufe wiedergeben. Wer zählt denn eigentlich dazu? Meine Patentante ist im heutigen Tschechien, genauer gesagt, in Böhmen, geboren und dann nach dem Krieg zu Fuß mit nur einem Koffer und blonden geflochtenen Zöpfen über die Bettenbrücke nach Köln gekommen. Die Bettenbrücke gibt es heute nicht mehr, sie wurde abgerissen. Meine Tante hat einen österreichischen Akzent, ich weiß auch nicht woher, und einen deutschen Paß. Ich habe auch einen deutschen Paß. Ich bin sogar in Deutschland geboren und aufgewachsen, ich habe keinen Krieg erlebt, nur den meiner Eltern, aber ob ich deutsch bin? Oder chinesisch?

Mein Mann ist deutsch. Soviel steht fest. Ich glaube aber nicht, daß ich ihn deswegen geheiratet habe. Es war mehr wegen der Sprache. Wir haben uns von Anfang an sehr gut verstanden. Zum Beispiel seine Körpersprache, wie er sich mir zuwandte, wenn er mit mir sprach. Ich mochte auch sofort seine Art zu gehen, besonders wenn er mein Fahrrad schob.

In manchen Dingen sind wir uns ganz ähnlich, aber das sind keine deutschen Dinge, was sollte das auch sein, vielleicht könnte uns jemand aus einem anderen Land darüber Auskunft geben.

...

# Tanja Dückers
## Die Suche nach Montserrat

ICH BEOBACHTE MONTSERRAT. NUR SO.
Diesmal nicht, um sie zu warnen, sondern um mich zu entspannen. Zerschnittener Berg. Das bedeutet Montserrat auf deutsch. Aber das weiß niemand hier, alle meine Freunde denken, Montserrat hieße so etwas wie »singender Schwan«. Weit gefehlt.

Ich verdrehe die Augen, tue so, als hätte die nicht vorhandene Sonne mich geblendet, dann haue ich ab.

Vorne, an der Gleimstraße, ich bin in einen gemächlichen, unauffälligen Schritt verfallen, treffe ich Frau Minzlin, meine Nachbarin. Ich unterhalte mich gerne mit ihr, doch hat sie die Angewohnheit, meine Aussprache zu korrigieren. Ich bin in Hamburg geboren, mit meinen Eltern, die aus Uruguay stammen, vor neun Jahren nach Berlin gezogen, aber Frau Minzlin ist der Meinung, daß ein Südamerikaner doch auch richtig berlinern muß.

Tengo frío. Das rutscht mir manchmal heraus – nein: raus. Mit meinen Eltern rede ich immer noch spanisch. Sie haben Deutsch gelernt, aber sie finden, daß man in deutsch nicht richtig schreien kann, deshalb brüllen sie zu Hause lieber auf spanisch herum. Rum. Beziehungsweise uruguayisch. Das sind feine Unterschiede, die Deutsche nicht verstehen. Für sie sind das alles eben Spanier. Mir ist kalt. Tengo frío. Ich habe kein anderes Wetter kennengelernt, hab nur einen Sommer mal in Uruguay verbracht, und diese mickrigen acht Wochen müssen für alle möglichen Vergleiche herhalten.

Ich muß Montserrat nachher anrufen. Ich muß Tonino den Rücken massieren und Verdi den Bauch kraulen. Schokoherzen für alle kaufen. Ich muß mich beeilen.

Die Straßenbahn kommt die Schönhauser entlanggetuckert, und ich setze mich auf die mit Schwänzen und Titten bekrakelte Sitzbank, lese bei meinem Nachbarn die Überschrift von »Auto Motor Sport«: Mercedes Kleinwagen punktet.

Montserrat hat ihr Kind Mercedes genannt. Ist das nicht verrückt? Dieses Kind, das mein Kind hätte sein können. Dieses Kind, das ich – bin ich doch erst 21 – gerne vor allem möglichen gewarnt hätte. Jetzt wächst Mercedes-Stefanie in einer von Grautönen und Druckersummen beherrschten Büro-Wohnung auf, in der die Eltern sich beim Eintreten panisch die Schuhe von den Füßen streifen und sie auf eine Plexiglasablage stellen.

Montserrat ist meine Cousine. Eine Cousine, die sich auf leisen Sohlen heranpirscht, wenn man in ihrer Badewanne liegt, und einem mit kühlen Fingern Schaumbuchstaben auf den Rücken schreibt. Auf das Steißbein schreibt. Und während man noch überlegt, welche Worte – welche Sprache? – sie auf einem hinterlassen hat, Sekundenworte, denn schon hört man das Knistern des Schaumes, der in sich zusammensinkt, ist sie schon wieder aus dem Bad verschwunden. Ich habe Montserrat gewarnt. Vor deutschen Geschäftsmännern, die spanische oder südamerikanische (is ja allet dit jleiche!) Brüste gerne in ihren anthrazitfarbenen Mercedessen massieren. Die gar nicht daran denken, Kondome zu benutzen, denn so eine aufgeweckte Spanierin oder Uru – dat Wort kann man ja jaar nich aussprechen – wird ja wohl die Pille nehmen. Aufgeweckt. Montserrat ist nicht aufgeweckt, sondern schlafsüchtig. Ich bin es (denn Thorsten, ihr Mann, ist selten zu Hause), und Tonino und Verdi, ihre aus Uruguay importierten Kater, die stundenlang auf die wirren Muster schauen, die die Schatten der vorbeirauschenden Autos, Volkswagen, Opels, Hondas, Mercedesse, auf ihrer himmelblauen Bettdecke hinterlassen. Sekundenmuster, die ineinanderfließen, die weiterfließen, die nicht haltmachen vor ihrem Hals, ihren Brüsten, ihrem Schambein.

Muster.

Die S-Bahn rumpelt an der farblosen Fassade der Hackeschen Höfe vorbei, eines meiner Haßobjekte steht breit und schwerfällig am Straßenrand, glänzender Stern. Der Beethoven unter den Autos. Taram! Alles außer Eleganz … Montserrat ist wegen dem Inhaber solch einer Angeberkarre 10 000 Kilometer von zu Hause fortgegangen, nur um hier unglücklich zu sein und sich von ihrem Cousin betutteln zu lassen. Familiensinn, dit haben se ja, die Spaaniar.

Natürlich hätte es nicht mein Kind sein können. Dürfen. Aber zum Glück kann man ja noch nicht Gedanken lesen. Also bin ich frei. So frei wie ... Verdi. Aber dazu später. Vorerst gucke ich mir den grünen Huppel, der Südamerika darstellen soll, auf meinem Schlüsselanhänger an, das ist so ein Flummi mit der Weltkarte drauf, und alle Kontinente sind grüne Huppel, die man eindrücken kann. Ich habe mit Stefan, mit dem ich immer Tischtennis spiele, gewettet, ob Brasilien größer ist als Westeuropa. Ich habe die Wette gewonnen, und dafür habe ich diesen Flummi und ein Bier bekommen. Das Bier ist weg und im Hades, aber die Weltkugel baumelt seitdem an meinem Schlüsselbund.

Im Beobachten bin ich gut. Das habe ich von klein auf gelernt. Derjenige, der sich nicht verstecken kann, muß beobachten können. Meine Augen sind mein Angriffspunkt und meine Waffe. Meine Augen sind schwarz. Einfach schwarz. Daran ist nichts zu rütteln. Da kann noch so dicke in meinem Paß stehen: Geburtsort Hamburg. Man sieht meine Augen, die jede Information für sich behalten wollen und die doch sofort alles verraten. Der ist nicht von hier. Darum habe ich meine Augen zu meinen Detektiven gemacht. Zu einer Art Spiegelwand. Laßt nichts heraus, nehmt nur auf, sammelt, selektiert, archiviert. Schweigt euch aus.

Darum bin ich der Wächter von Montserrat. Hochgelegenes Kloster bei Barcelona, in welchem politisch Verfolgte stets Unterschlupf fanden und ungestört ihre geheimen Aktivitäten fortsetzen konnten. Denn die Felswände sind so steil ...

Seit zwei Jahren ist sie mit so einem deutschen Geschäftsmann verheiratet, so einem Hampelmacker mit cremefarbenen Anzügen, Handy und grauen, kleinen Augen, die meinem Blick nicht standhalten. Geht mit ihm Arm in Arm durchs Lafayette, die Friedrichstadtpassagen, zwängt sich in überfüllte Stehrestaurants, rümpft die Nase über kitschfeuerzeugverkaufende Inder. Damals, als ich den Sommer über in Uruguay bei ihrer Familie gewohnt habe, war sie ganz anders: Sie schminkte sich nicht, versuchte nicht die Namen irgendwelcher »Objektkünstler« auszusprechen, spielte mit mir Mikado im windstillen Pavillon, preßte Mangosaft, den wir auf den sumpfigen Weiden hinter ihrem Haus tranken.

Doch vielleicht ist sie hier gar nicht so unglücklich, wie ich mir immer wünsche. Ich achte ja auf Indizien, beobachte sie und ihren Hampelmacker, aber nur einmal habe ich, als ich bei ihnen aus der dampfenden Badewanne stieg und in den vollständig beschlagenen Spiegel schaute, die Spuren eines in den Dunst gemalten durchgestrichenen Herzens erkennen können.

Montserrat und ich sehen uns jeden zweiten Tag. Sie wohnen ja quasi gegenüber. Thorsten wittert nichts dabei, denn ich bin ja der Cousin, und Familiensinn haben sie ja, die Spananier.

Jede Familie hat ihre eigenen Probleme. Sagte Frau Minzlin letztens zu mir an der Kaiser's Käsetheke. Meine Eltern sind geflohen. 1977, vor der damaligen Diktatur in Uruguay, nach Spanien, zwei Jahre nach dem Tod von Franco. Ein Jahr darauf sind sie, da sie bei den Bekannten in Toledo keine Arbeit fanden, ins schillernde Deutschland gezogen. Meine Mutter verdingte sich im Reisebüro, da waren ihre schwarzen Augen und das südliche Flair mal nützlich, mein Vater setzte seine »männlichen Reize« dafür ein, einen Job als Paketstapler bei der Post zu bekommen. Die Kollegen nannten ihn »Uru«. Das war sein Spitzname. Und ich werde oft »Uri« genannt, origineller Weise, denn »Camílo«, meinen richtigen Namen, merkt sich doch niemand. Dabei ist er gar nicht schwer, und man kann ihn auch super berlinern: Kamüllo.

Camílo: Was'n dit? Köönse mir dit mal uffschreibn? Is dit'n Bier? 'N Papajeienname?

Wenn ich mit Montserrat die Schönhauser entlanglaufe, wird sie permanent angeglotzt. Männer fassen in der Straßenbahn an ihre hüftlangen, schwarzen Haare. Auf Parties wird von ihr erwartet, daß sie mit jedem Salsa tanzt. Oder Tango. »Tango? Dit heißt doch ›Sich berühren‹, oda?«, schnauzte so ein Proll sie an, als sie seinem Gegrabbele auswich. Wenn ich auf einer Party abseits stehe und mich zu langweilen scheine, dann fällt bestimmt irgendeinem Trottel ein, daß ich doch ein »temperamentvoller Spanier« sei, warum ich jetzt nicht mal einen Witz erzähle …

Ich habe Montserrat früher nur einmal im Jahr gesehen. Weihnachten. Wie ein Engel (wie die schwarze Madonna im Kloster Montserrat) stand sie – ein bißchen stolz, ein bißchen schüchtern – unter dem glitzernden Baum, ein silbernes Diadem unserer Großmutter auf ihrem nie ordentlichen Haar. Eine knappe Woche später wurde sie, die ich eigentlich nie in normalen Pullovern und Hosen, jahrelang nur in Festtagskleidern gesehen habe, wieder nach Südamerika geflogen. Vor zwei Jahren ist sie dann nach Deutschland gezogen, ohne je vorher mal einen unweihnachtlichen Eindruck dieses Landes erhalten zu haben. »Die Glitzerstadt« nannte sie als Kind Berlin und dachte, es würde hier immer und überall so aussehen wie auf dem Kudamm am 24. Dezember ... Und trotzdem ist sie nun »nach einer langen Anlaufzeit«, wie sie immer sagt, und endlosen Deutschsprachkursen, geblieben.

Wegen Thorsten. Und natürlich wegen uns. Wegen mir. Glaube ich. Manchmal.

Wenn sie mir beim Abwaschen kurz den Nacken krault.

Los españoles son calientes. Hot. Behauptet meine Nachbarin Miriam, eine ziemlich von sich selbst überzeugte Studentin, die aus Langweile »und weils halt 'ne Weltsprache ist« zwischendurch ein bißchen Spanisch lernt. Sie ist der Meinung, daß alle spanischen (ergo südamerikanischen) Männer von morgens bis abends nur daran denken, wie sie eine blonde, große Frau ficken können. Ich bereue es echt, ihr das spanische Wort für »ficken« beigebracht zu haben, denn jetzt rennt sie manchmal laut »joder! joder!« grölend durchs Treppenhaus. Sie denkt, weil das Wetter in Spanien heiß ist, sind auch die Menschen dort heiß. Is halt so, is doch irjendwie logüsch, sagt sie so in ihrer Art. Mir gefällt sie nicht, da kann sie noch so oft in engen Miniröcken bei mir vor der Tür stehen und nach Eiern fragen.

Montserrat ist eher klein und hat diese dunklen, glatten Haare. Haare wie Wasserpflanzen. Haare, die ein Eigenleben führen. Haare, die auf Thorstens Lederpolstern zurückbleiben und alles verraten. Haare in meinem Einmachglas.

Uruguay. Neun Millionen Kühe, drei Millionen Einwohner. Sümpfe und Wälder, die einem unter die Haut kriechen, die die Haut elektrisieren. Unkraut und Wind und Haare. Strände. Keine trendigen Galerien, Avantgarde-Clubs, wenig moderne Kultur, Montevideo ist keine Kunstmetropole, ganz anders als Berlin, Montevideo ist schön und langweilig. Wie ich. Wie meine Schwester. Wie meine Eltern. Wie meine Großeltern. Wie meine Cousine. Wir sind harmoniebedürftig und etwas weichlich. Ich brauche keine Graffitis von fickenden Skeletten an jeder Mauer, um glücklich zu sein. Keine abgefahrenen

Clubs, mit blondierten, arroganten Frauen, die einem in den Drink spucken, um auf sich aufmerksam zu machen. Komische, bisexuelle Männer, die einen mit grünlackierten Fingernägeln in den Hintern kneifen und einem Partyflyer für Kellergruft-Events in den Hosenschlitz stecken. Very hip.

Ich möchte in einem Strandkorb am Südatlantik liegen und mir von meiner Cousine den Rücken beschreiben lassen. Frisch gepreßten Mangosaft trinken ... Und doch war das alles nur ein Urlaub, ein Ausflug. Mehr Erzählungen meiner Eltern als Selbsterlebtes. Ein sueño, ein Traum eben, den man hat, wenn man als Achtjähriger auf die schiefergraue Alster starrt und die gezischelten Worte der Mitschüler »Kannst du dich nicht mal waschen?«, »Du hast Augen wie so'n Terrorist« wie Pfeile in den Rücken hageln.

»Warum muß immer alles so äßlich sein, keine Arrmonie!«, sagte mein Vater oft in unseren ersten Jahren in Berlin. Das mit dem »H« kann er mittlerweile, aber er hat noch immer nicht kapiert, daß die Berliner sich das Schicksal ihrer Stadt nicht ganz selbst ausgesucht haben, und die Gedächtniskirche nicht aus Spaß an der Freude so aufgebaut wurde. Das versuche ich ihm manchmal zu erklären, wenn er wieder schimpft über diese Stadt, in der keine zwei Häuser nebeneinanderstehen, die zueinander passen. Der Geschmack meines Vaters ist berechenbar: Mit nichts anderem konnten wir ihm einmal mehr Freude machen als mit einem Buch über Schinkel. ARRMONIE!

AGONY! stand auf dem zerrissenen Poster meiner Schwester, das lange Zeit ihre schwarz angestrichene Zimmertür, das Portal zu ihrer verqualmten Grufthöhle, zierte.

Ich schließe die Tür auf und betrete das Montserrat-Thorsten-Reich. Ich denke gar nicht daran, mir die Schuhe auszuziehen, und stiefele gleich in das Wohnzimmer. Dort lasse ich mich auf Montserrats rotem Samtschemel nieder; das einzige Möbelstück, das sie aus Uruguay mitgenommen hat. Vielleicht fliegt sie ja wirklich nächsten Winter (also Sommer) mit mir nach Uruguay, ich war doch nur einmal dort, und das ist sechs Jahre her. Als wir letztens zuviel Rotwein getrunken und Schokoherzen gegessen haben, dachten wir uns Reisen aus, auf die wir Lust hätten, und kamen auf diese Idee ...

Ich gehe in die Küche, reinige das Katzenklo und fülle die

Futternäpfe auf. Ich bin hier Mädchen für alles, hüte die Wohnung, wenn die beiden mal wieder einen Wochenendtrip unternehmen. Wie so oft. Verdi sitzt miauend vor der mit einem Stangenschloß versehenen Stahltür. Seit er hier ist, seit zwei Jahren, hat er nie etwas anderes gesehen als diese Wohnung, als Thorstens Möbel. Darin verloren der kleine Schemel von Montserrat. Damals habe ich Verdi Kuhlen am Strand gemacht. Und sein Fell hatte eine andere Farbe. War nicht braun, sondern rotbraun. Behaupte ich. Aber Montserrat meinte lachend, das sei totaler bullshit. Ein Begriff, den sie von meiner Schwester übernommen hat. Meine Schwester ist vier Jahre jünger als ich und heißt Mariona, nennt sich aber seit neuestem »Mary«. Nach ihrer Gruft- und Punkphase steht sie gerade voll auf Hip-Hop und möchte später in L.A. leben. Uruguay kennt sie nur von Fotos, und sie hat bis jetzt kein Interesse an den Tag gelegt, dort mal hinzufahren. »Nix als Natur, is doch superöde!«, ist ihr Spruch dazu. Mit meinen Eltern hat sie sich furchtbar gestritten, weil die enttäuscht waren, daß sie über Ostern nach New York geflogen ist, ohne sich je einmal für Montevideo, Buenos Aires oder Caracas interessiert zu haben. Wie alle Süd-Amis haben meine Eltern ein tiefsitzendes Mißtrauen gegenüber den U.S.-Amis. Mary benutzt ständig englische Wörter: »Is doch supaeasy«, »Hat die'n doofes face!«, »Ich finde meine tits zu klein!«, »Echt strange!« und natürlich »so'n bullshit!« Meine Eltern haben versucht, sie anzuregen, zu Hause uruguayisch zu sprechen. Sie sind halt ein bißchen verbiestert, weil in Deutschland Spanisch nur den Wichtigkeitsgrad eines Volkshochschulkursus für unterbeschäftigte Hausfrauen hat. »Ick will erst mal richtich Englisch lernen, dann kann ick meine Musik verstehn!«, hat Mary nur gekontert. Da habe ich ihr zugestimmt, weil ich es auch wichtig finde, gut Englisch zu können. In vielen anderen Dingen gebe ich aber meinen Eltern recht. Ich finde, daß Mary ruhig Weihnachten mit uns Tango tanzen sollte, anstatt mürrisch in der Ecke zu hängen, weil sie heute ausnahmsweise mal ihr Gestampfe nicht anschmeißen darf. Sonst tanzt sie immer autistisch vor ihrem Spiegel: alleine, total unromantisch. Sie ißt auch nicht die eingelegten Pimientos meiner Mutter oder die gesalzenen Anchoas. Auch unser Lieblingsessen, frittierte Bananen, lehnt sie ab. Statt dessen macht sie sich Erdnußbuttertoasts, zieht sich Hähnchen rein oder macht kreischend mit ihren Freundinnen Popcorn in der Küche, die noch nach Tagen von den ganzen danebengefallenen Maiskörnern knirscht.

Aber meine Eltern nerven mich auf ihre Art auch: Sie tun immer so supergebildet, als würden sie jeden südamerikanischen Schriftsteller in- und auswendig kennen, dabei lesen sie doch am liebsten die »Morgenpost«. Früher, als sie noch sehr schlecht Deutsch konnten, haben sie immer die »BILD« gelesen, später sind sie zum Morgenpost-Level avanciert. Und jetzt sind sie fünfzig, und bei der »Morgenpost« wird es denn wohl auch bleiben. Bei den Fußballweltmeisterschaften sind meine Eltern immer für Brasilien, nicht für Deutschland, meine Schwester findet das alles doof, und ich ... ich bin für gar keine Mannschaft, obwohl ich sehr gerne Fußball gucke. Das hat noch nie jemand verstanden. »Na, wann jrölst du denn dann?«, wollte Stefan mal von mir wissen. »Na, bei allen Toren eben«, hab ich leise gesagt.

Montserrat war ziemlich überrascht, als ich ihr erzählte, daß ich heute abend lieber mit ihr ins Aquarium als ins Kino oder in ein Café gehen wolle. Aber sie willigte amüsiert ein. Als wir da sind, ist es stockdunkel, nur in der Nähe der Becken fällt etwas Licht auf unsere Gesichter. Auf Montserrats Profil. Ich bin sehr nervös.

Nun treten wir an das erste große Tropenfischbecken. Die lateinischen Namen der Fische klingen wie Zauberworte für mich. Die langen, türkisen Schweife der Kampffische schillern im Wasser. Ich zittere. Schaue vorsichtig zur Seite. Fast habe ich Angst, der Anblick von Montserrats schönem Gesicht würde mich jetzt einfach überfordern. Ich spüre meinen Herzschlag in meiner Halsschlagader, sehe zu, wie zwei Kampffische in Stellung gehen, unbewegt stehen sie im Wasser, ihre leuchtenden Rückenflossen kerzengerade aufgestellt. Montserrat schaut ebenso bewegungslos in das Aquarium. Scheu blicke ich auf ihre Hände, die sich ineinanderkrampfen. Der linke, größere Kampffisch schießt ruckartig nach vorne und macht zuckende Drohgebärden, sein schillernder Schwanz ein weites wehendes Tuch im sprudelnden Wasser. Ich schließe die Augen, die Welt ist nur noch blau, grün, türkis. Montserrat. Ich nehme ein leichtes Vibrieren des Bodens unter mir wahr, sie muß sich bewegt haben. Ich öffne meine Augen einen Spaltbreit. Montserrat hat sich kaum gerührt, hat nur ihr Gewicht etwas verlagert, um näher an der Scheibe zu sein. Der zweite Kampffisch weicht jetzt zurück, verjagt, eine Ersatzhandlung vielleicht, zwei Skalare und einen Schwertträger, gleitet bis hinter das Riff. Der erste Kampffisch fächert seine schillernde Schwanzflosse so weit wie möglich auf und zieht eine Siegerrunde durch das Becken.

Ich höre Montserrat tief ausatmen, höre ihre Erleichterung darüber, daß die Kampffische sich nicht verletzt haben. Das kann nämlich passieren. Sie deutet ein Nicken an und geht einfach weiter. So ist Montserrat. Ohne Worte bestimmt sie, was gemacht wird. Ich hatte gehofft, sie würde sich hier an den Cebollati erinnern, den Fluß in Uruguay, in dem wir damals solche Kampffische gesehen haben. Wir haben im Wasser nach ihnen gefaßt, nur um ihre unglaublich langen Schleierschwänze einmal durch unsere Hände gleiten zu lassen. Es war, als lebe man für Sekunden in einem anderen Aggregatzustand.

Nachher habe ich Montserrat stundenlang die Haare gebürstet. Bis der letzte Angler über die knirschenden Holzlatten im sumpfigen Gras an uns vorbeigehuscht war. Bis die Glocke der Großmutter nicht mehr nach uns geläutet hat. Es war ein meditatives Kämmen, längst lagen ihre Haare glattgebürstet und glänzend vor mir, und doch führte ich die immer gleiche Armbewegung aus, sah, wie sich die elektrisierten Haare in der Dämmerung aufstellten und wie sie langsam niedersanken. Ihr Haar war wir ein verlängertes Körperteil von ihr, etwas, das noch sie und nicht mehr sie war, etwas, das abbrechen und in meine Hosentasche wandern konnte, ohne daß sie Notiz davon nahm, etwas, das sie gleichermaßen zu leisen Aufschreien bewegen konnte. Etwas, das ich nicht kannte – mit meinen von Mutter verordneten Zweizentimeterstoppeln. Ich hatte Muskelkater am nächsten Tag, aber an diesem Abend habe ich meinen Arm immer wieder heben können, ohne ihn zu spüren.

Das war alles. Das ist alles, was zwischen Montserrat und mir gelaufen ist.

Und doch ist es etwas, das ihr Scheiß-Bonzen-Thorsten nicht mit ihr erleben kann. Da bin ich mir sicher. Dieser Trottel lädt sie zum neuen James Bond ein, ich dagegen gehe mit ihr ins Aquarium ... ich kenne sie doch viel länger ...

Mein Freund Stefan meint, ich hätte einen Knall mit Montserrat (er weiß nicht, daß sie meine Cousine ist, ich habe ihm erzählt, sie sei die Freundin einer Cousine von mir). Ich sollte »mir mal was anderes suchen«, hat er mir schulterklopfend geraten. Stefan ist so ein Pragmatiker, der immer, wenn er an eine Frau nicht herankommt, sagt: »Die isses nich wert, ick jloob, ick kiek mir 'ne andere aus.« Und das tut er dann auch. Wenn er an eine »rankommt«, bringt er den gleichen Spruch allerdings auch oft.

Gestern war ich auf einer Party, wo mich eine Frau total angebaggert hat. Nachher, als nur noch fünf Leute da waren – ich hatte keine Lust nach Hause zu gehen, wußte ich doch, daß Montserrat und Thorsten auf einer Hochzeit in Paderborn sein würden und das sonntägliche Familienfrühstück bei ihnen ausfallen würde –, begannen wir ein Spiel, Flaschendrehen. Immer, wenn ich dran war, rief Ulrike, so hieß die Tusse, »Naa, Torero?«. Das schien sie witzig zu finden.

Ich habe in meiner Jeans hinten einen kleinen Riß, und als ich aufstand, um mir ein Bier zu holen, hat sie ihren kleinen Finger da reingesteckt und gelacht. »Ich hab auch spanisches Blut in meinen Adern«, erzählte sie mir mit leuchtenden Augen. »Ja?« habe ich müde gefragt, denn es war schon sieben Uhr morgens. »Ja, meine Urgroßmutter war Halbspanierin oder so, doch, ehrlich«. Da mußten dann auch einige andere außer mir lachen. Die rotblonde Ulrike wollte nachher, daß ich mit ihr auf einer Matratze schlafe, aber ich habe ihr von meiner Freundin Montserrat erzählt, und sie hat dann respektvoll genickt.

Als ich heute nachmittag vom Tischtennis nach Hause komme, hängt ein Zettel von Miriam an der Tür. »Hello! Hast du Kurkuma, ich will heute abend eine schöne Suppe machen, kannst gerne mitessen!«

Schöne Suppe. Suppe hätte genügt. Miriams ausladende Schrift, mit Kringeln als I-Punkte. In Türkis. Das ist Absicht, sie denkt, die Farbe gefällt mir. Tut sie auch, aber nicht unbedingt als Filzstiftgeschriebsel, das »schöne Suppe« schreibt.

Ich haue mich aufs Bett und überlege, was ich heute abend machen soll. Peter ist dieses Wochenende bei seinen Großeltern in Hameln, aufregenderweise, Axel geht zum »Mouse-on-Mars«-Concert, was mir zu teuer war, und Patrick hängt nur noch ehemäßig mit seiner Freundin rum. Ich höre Musik von drüben. Irgendwas Opernhaftes, ich stehe ja auf so schwülstiges Zeugs. Miriam wohnt im Seitenflügel, ich kann in ihre Fenster schauen und höre auch immer eine Menge. Aber ich bin nicht sehr lärmempfindlich. Jetzt kann ich Miriam drüben sehen, sie hält gerade eine Kette hoch, dann öffnet sie das flache Messingdöschen auf ihrer Fensterbank und steckt sich einen Ring an. Sie spreizt ihre Hände. Eigentlich ist sie keine unattraktive Frau, denke ich, wenn sie bloß nicht so aufdringlich und plump wäre. Manchmal, wenn sie »spontan« zum Kaffee trinken vorbeikommt, setzt sie sich in ihren engen Röcken im Schneidersitz vor mich, und ich kann sehen, daß sie keine Unterhose trägt. Stefan fände das bestimmt »geil«.

Ich langweile mich, hab keine Lust, heute abend hier alleine rumzusitzen. Vielleicht hat Miriam ja Lust, ins Kino zu gehen, es muß ja keine »schöne Suppe« sein. Ihre Opernmusik dringt immer noch zu mir. Manchmal läuft mir ein heiß-kalter Schauer den Rücken herunter, wenn sich diese schrillen Frauenstimmen fast überschlagen ... Ich stehe auf, werfe keinen Blick in den Spiegel, es ist ja nur Miriam, und gehe nach drüben. Ich klingele, höre sofort ihre schnellen Schritte.

»Ach ... hi! Das ist ja 'ne Überraschung!«

So groß kann die Überraschung wohl nicht sein, wer hat denn vor höchstens drei Stunden einen Zettel an meine Tür gehängt, denke ich.

»Komm rein.«

Ich nicke und folge Miriam. Sie deutet auf einen großen Topf auf dem Herd, »is noch was übrig, ist sehr lecker ... jing auch ohne Kurkuma ...«

»Hab keins zu Hause«, sage ich nur.

»Ick dachte, die Spanier sind alle so 'ne Gewürzspezialisten?« Sie lacht mich an, als hätte sie mich mit dieser Bemerkung sonst wie herausgefordert. Ich wiege den Kopf und sage: »Die Spanier vielleicht schon, aber die Uruguayer ... die essen nur Rindfleisch pur ...«

»Was?«

»Gibt viele Kühe in Uruguay.«

»Aha.«

Ein etwas monotones Gespräch. Ich blicke auf den Ring an ihrer Hand, eine sich ringelnde Schlange mit kleinen grünen

Steinen als Augen, bestimmt möchte Miriam eine Femme fatale sein.

»Sind die Steine echt?« frage ich und tippe auf die Schlangenaugen.

»Nö, keine Ahnung, is doch egal!«

Ich weiß nicht, was ich sagen soll.

»Komm, jehen wir rüber, willst du denn jetzt noch was Suppe?«

»Okay ...«, sage ich, denn ich habe außer Zitronenkaubonbons beim Tischtennis seit Stunden nichts mehr zu mir genommen.

Wir sitzen auf Miriams Bett, die einzige Sitzgelegenheit in ihrem Zimmer, und löffeln die Kürbissuppe. Sie schmeckt tatsächlich sehr gut, hätte ich gar nicht von Miriam erwartet. Aber ich weiß auch nicht, was ich erwartet habe. Jedenfalls nicht, daß sie plötzlich zu mir sagt: »Sach mal, klingt etwas blöd, aber hast du vielleicht Lust, mir die Haare zu bürsten? Mein Ex-Freund hat das immer gemacht, und ick finde das total angenehm ...«

Sie guckt mich etwas unsicher an, irgendwie ist mir das sympathischer als ihre forsche Art. Ich nicke.

»Okay, hast du eine Bürste?«

»Na klaro«

Sie schmeißt mir ein rosa Plastikding in den Schoß. Fast hätte ich meine Zustimmung wieder bereut.

Dann setzt sie sich vor mich, und ich beginne ihre Haare zu bürsten. Sie sind schulterlang, dunkelblond, gelockt. Keine Gemeinsamkeit mit den Haaren meiner Cousine. Aber dieses Knistern, dieses Aufbäumen, wenn sie elektrisiert sind ... die Fülle in der Hand, die doch ganz leicht ist ... Ich streiche weiter über ihren Schopf, weiter und weiter. Es ist mir plötzlich ganz egal, wem ich die Haare bürste, Hauptsache, ich bürste. Hauptsache, mein Herz schlägt und ich bin am Leben. Ich bürste um mein Leben. Ich sehe im Spiegel, daß Miriam die Augen geschlossen hat, sie lehnt ihren Kopf an meine Brust. Jetzt kann ich nicht mehr weiterbürsten. Sie legt ihre Hände um meine Handgelenke, sie wandern meine Unterarme hoch. Wie lange mich schon niemand mehr berührt hat ... Ich lege mein Kinn auf ihren Kopf, das herrliche Kitzeln ihrer Haare an meinen Lippen.

Sie wendet sich auf meinen Schoß, und wir küssen uns. Sie

küßt angenehmer, als sie redet, vielleicht so, wie sie kocht. Ihre Zunge ist ein weiches Tier, daß sich zufällig in meinen Mund verirrt hat. Sie denkt an ihren Ex-Freund, der sie sitzengelassen hat, und ich denke an meine Cousine ... und wir küssen uns innig, meine Hände kriechen aufgeregt unter ihren Pullover, ich reibe ihre festen, kleinen Brustwarzen. Sie zieht sich plötzlich hektisch aus, ruckelt an meiner Hose. Bald liegen wir ineinander verkeilt da. Haut, Haar, Lippen, Speichel. Überall. Erst als sie anfängt zu stöhnen, wird mir wieder bewußt, daß da Miriam unter mit liegt, denn, da bin ich mir sicher, Montserrat würde ganz anders stöhnen. Murmeln. Atmen. Dieses schnelle, abgehackte Stöhnen kann ich mir bei ihr nicht vorstellen, nein, Montserrat würde eher gemächlich und tief seufzen ... ich habe mir doch schon so oft ausgemalt, mit Montserrat zu schlafen. Nachdem wir zusammen Tango getanzt haben, würde es passieren ... wir würden uns langsam bewegen, und ihre Haare würden sich um mich schlingen. Sie würde mich festhalten und mich aus bis auf zwei schmale Schlitze geschlossenen Augen ansehen.

Miriam unter mir rudert mit den Armen, gibt keifende Geräusche von sich, nimmt keine Notiz von mir – ich meine, dem Rest von mir, außerhalb meines Schwanzes. Trotzdem vögele ich weiter, denn wenn ich – dieses Wort habe ich von meiner Schwester gelernt – jenseits des »point of no return« bin, kann ich mich nicht mehr zusammenreißen, nicht *ich* bewege mich, *es* bewegt mich. Dieses Geröchele unter mir wird immer lauter, ich versuche es zu ignorieren und mich auf mich zu konzentrieren. Dann weiß ich nichts mehr und fühle mich matt und leer. Plötzlich, ich dämmere noch so vor mich hin, in dieser eigenartigen Stimmung, in der man weder glücklich noch unglücklich ist, nur leer ... rüttelt Miriam heftig an meiner Schulter: »Hey, du hast ooch noch 'n Mund und zwei Hände, es jibt noch wat für dich zu tun ...«

Ich überlege einen Moment, reagiere nicht sofort, da ruft sie: »Wußte ich's doch, die spanischen Machos, denken im Bett nur an sich!«

Ich stehe auf, stolpere über ihre blöde Haarbürste, suche meine Sachen zusammen. Sie sieht mich stirnrunzelnd an, legt ihre Hand auf ihre Scheide und dreht sich um. Schon höre ich sie wieder röcheln. Ich weiß nicht, ob es jetzt angemessen ist,

»Tschüssi« zu sagen oder ihr trotz allem einen Kuß zu geben, und stehe unschlüssig an dem quietschenden Bett. »Danke für die schöne Suppe«, höre ich mich murmeln, dann stakse ich durch ihren von oben bis unten mit Postern von dunkelhäutigen Filmstars zugeklebten Flur.

Ich beobachte Montserrat. Sie sitzt neben mir und zeigt mir die Fotos von ihrem neuen Haus. »Guck, hier ist der Wintergarten, ist der nicht süß?« Sie lächelt mich an.

»Du mußt uns unbedingt so bald wie möglich besuchen kommen, Camílo.« Sie wirft mir einen lieben und harmlosen Blick zu. Im Hintergrund höre ich Thorsten am Computer tippen, ein monotones, aber stetiges Geräusch. Das wird noch einige Jahre so gehen. »Und wie weit ist es dann rein nach Flensburg?« frage ich schließlich.

»Ach, nur 'ne halbe Stunde, und wir haben ja den neuen Volvo.«

»Hm.« Ich nicke.

»Und die Reise, nächstes Jahr …?«

»Ach, Camí.« Montserrat lächelt und schüttelt den Kopf. »Hast du wirklich daran gedacht? Das ist mir echt zu weit weg, außerdem, ich weiß nicht, so aufregend finde ich Uruguay nun auch nicht, das kenne ich doch schon …«

Ich sage nichts, schaue aus dem Fenster, schaue an den Granulat-Sternen von Thorsten und Montserrat vorbei. Als Montserrat aufsteht, um mir noch ein Milky-Way-Eis aus dem Gefrierfach zu holen, hole ich mein Schlüsselbund aus der Hosentasche. Mein Schlüsselbund mit dem Globus-Flummi dran. Ich mache ihn ab, schnell geht das, und lege ihn zwischen die Krokusknollen auf der Fensterbank.

Joseph von Westphalen
**Der bestrafte Kahlkopf oder
Lustig ist das Zigeunerleben**

HARRY NAHM AN EINER PODIUMSDISKUSsion in Karlsruhe teil. Thema wieder einmal der Rechtsradikalismus: Wie kann die Gesellschaft der Ausländerfeindlichkeit wirkungsvoller entgegentreten? Versagt der Rechtsstaat? Etwas in der Art.

Normalerweise verlangte Harry drei- bis viertausend Mark Honorar pro Auftritt und bekam sie auch. Er ärgerte sich, weil er sich diesmal von der weinerlichen badischen Stimme des Veranstalters auf lächerliche fünfhundert Mark hatte heruntergehandelt lassen. Er hatte gebeten, nicht als der Mann aus dem Auswärtigen Amt vorgestellt zu werden, der suspendiert worden war, nachdem er öffentlich verkündet hatte, mit einem schwarz-rot-gelben Lumpen würde er sich den Arsch nicht ausputzen. Das stimmte zwar, aber er konnte es nicht mehr hören. Es war drei Jahre her, eine Ewigkeit. Wie ein Jugendstreich kam es ihm vor. Der Veranstalter ließ es sich nicht nehmen, und stellte Harry genauso vor. Sofort donnernder Beifall für Dr. Harry von Duckwitz. Falscher Beifall war das. In der ersten Reihe saß eine Frau, die nicht klatschte. Typ nicaraguanische Freiheitskämpferin, aber nicht fanatisch, sondern jederzeit bereit, die Maschinenpistole, mit der sie während der Arbeit wirklich nur echte Schweine umnietete, aus der Hand zu legen und sich der Liebe hinzugeben. Sie war dunkel, zäh und zierlich. Harrys Idealtyp. Sprach er ins Publikum, sprach er nur zu ihr.

Mit auf dem Podium saßen ein Soziologieprofessor, der Chefredakteur der örtlichen Zeitung, ein Landtagsabgeordneter und ein schicker Türke. Eine Alibifrau hatte abgesagt. Neben Harry stierte ein leibhaftiger rechtsradikaler Glatzkopf blödsinnig vor sich und brachte keinen verständlichen Satz heraus, obwohl er aus Göttingen kam, wo man doch hochdeutsch sprach. Man hätte ein weniger debiles Exemplar aus

Dresden bekommen können, aber man wollte nicht die Vorurteile der ausländerfeindlichen Westdeutschen gegen die noch ausländerfeindlicheren Ostdeutschen bestätigen, indem man einen sächsisch sprechenden Neonazi vorführte.

Harry war wütend. Er hatte erfahren, daß der Glatzkopf siebentausend Mark für seinen Auftritt bekommen sollte. »Für drunter laß ich mich von so rotgrünen Arschlöchern nicht anglotzen«, soll er gesagt haben. Da es auch um Integration und Ausgrenzung solcher Gestalten ging und man eine authentische Person präsentieren wollte, hatte der Veranstalter schweren Herzens die Summe zugesagt und bei den anderen das Honorar gekürzt.

Als Feuerspeier war Harry angekündigt worden, und er tat sein Bestes, um dem Etikett gerecht zu werden. Die Freiheitskämpferin in der ersten Reihe beflügelte seine Rede. Der Kahlkopf war zu besoffen oder zu dumm, um Harrys Provokationen zu verstehen. Die anderen am Tisch verkörperten die Stimme der Vernunft und schränkten seine Tiraden gegen alle nationalen Regungen ein.

Es wäre richtiger, fand Harry, die Erwartungen zu unterlaufen, als sie zu erfüllen, die Schwarzweißmalerei von den furchtbaren Deutschen und den liebreizenden Asylsuchenden nicht mitzumachen. Für diesen Fall hatte er eine Geschichte auf Lager, mit der man ein extrem ausländerfreundliches Publikum irritieren konnte. Er gab sie diesmal nicht zum Besten. Der Kahlkopf könnte sie mißverstehen und die Freiheitskämpferin womöglich auch.

Eigentlich schade, denn es war die witzige und wahre Geschichte von einem Mann, der die Ausländer über die Maßen liebte, einem lärmempfindlichen Architekten, der in eine ruhige Gegend gezogen war. Er freute sich, daß fahrendes Sintivolk in seinem stillen Sträßchen Station machte, und wirkte auf seine vollakademischen Nachbarn ein, das halblegale Dauerparken der Sinti-Wohnwagen zu dulden und nicht die Polizei zu holen. Leider lärmte das lustige Volk bis spät in die Nacht. Sechs Wochen lang konnte der Architekt kein Auge zutun. Schließlich zog er eines Nachts verzweifelt den Morgenmantel über, ging vors Haus und fragte höflich einen hübschen dunklen jungen Mann, ob er und seine Leute nach Mitternacht nicht eine Spur leiser sein könnten. Schon hat er die Faust im Gesicht. Nasenbeinbruch. Im Krankenhaus bat die Polizei um eine Schilderung des Hergangs. Der Architekt sah eine Welle neuer Ausländerfeindlichkeit über das Land gehen und sagte mannhaft, er kenne die Leute nicht, die ihn zusammengeschlagen hatten. Ausländer seien es jedenfalls nicht gewesen.

Nun begann der Kahlkopf Worte zu mümmeln, verkündete aus heiterem Himmel, daß die Asylanten zuviel Geld vom Staat bekämen und die reinrassigen Deutschen zuwenig. Da sprang Harry auf, packte den Tisch an der Kante und warf ihn um. Obwohl er das noch nie gemacht hatte, klappte es eindrucksvoll. Die Mikrophone fielen zu Boden und übertrugen das Poltern über die Lautsprecher. Flaschen und Gläser zerbrachen. Im Saal ratlose Stille. Harry bückte sich nach einem Mikrophon und pustete hinein. Es funktionierte noch. Er deutete auf den Kahlkopf und sagte ins Mikrophon: »Wissen Sie, was dieser Haufen deutscher Scheiße für seinen Auftritt bekommt? Siebentausend Mark!« Er schlug mit dem Fuß wütend gegen ein Bein des Stuhls, auf dem der Leibhaftige saß. Auch das hatte er noch nie gemacht, auch das funktionierte: Das Bein krachte ab, der Kahlkopf brach mit dem Stuhl zusammen. Es schien ihm nichts auszumachen, er war wohl an solche Umgangsformen gewöhnt. Harry brüllte ihn an: »Hau ab, Jungnazischwein, und laß dich nie wieder blicken.« Tatsächlich schlich das geschorene Gespenst gehorsam vom Podium.

Der Wutanfall war echt gewesen. Außer sich vor Zorn, hatte Harry die Freiheitskämpferin ganz vergessen. Jetzt kam aus der ersten Reihe ein einsames kurzes Klatschen. Zum Glück fiel das Publikum nicht ein. Schließlich war das kein Theater gewesen. Harry bat bei seinen Mitstreitern und beim Publikum um Verständnis. Politisch korrekt sei sein Anfall nicht gewesen, aber für political correctness sei er auch nicht zuständig. Er schlug dem Veranstalter vor, das unmögliche Siebentausendmarkhonorar einer Hilfsorganisation zu spenden. Er stelle sich als Anwalt zur Verfügung, falls der Kahlkopf seine Forderungen gerichtlich durchsetzen wolle. Jetzt kam unsicherer Beifall, der rasch fest und heftig wurde. Der aschfahl gewordene Veranstalter verkündete eine Pause, in der beraten wurde, ob und wie es weitergehen sollte. Es ging weiter, ohne den Kahlkopf. Doch nach dem drastischen Höhepunkt hatte die Diskussion an Spannung verloren, sie verlief brav und bieder.

## Ilija Trojanow
## Die doppelte Bürgschaft

NEULICH, IN EINEM DER CHAWLS, IN DEM die meisten Bewohner Bombays zusammengepfercht leben, umarmte mich ein Fremder mit einem Lächeln, als er hörte, ich sei Deutscher. »Ich spreche deutsch«, sagte der Mann, »ich habe ein bißchen gelernt.« – »Wieso?« fragte ich erstaunt. »Weil ich die Sprache liebe, es ist eine so schöne Sprache«, erklärte er entwaffnend, und ich nahm das Kompliment stellvertretend an. Ja, dachte ich, Deutsch ist gar nicht so übel. Und ich empfand Stolz. In einem indischen Armenviertel bereitete es mir keine Probleme, mich gänzlich mit etwas »Deutschem« zu identifizieren. Als ich nach Hause kam, fand ich die aktuelle Ausgabe einer deutschen Wochenzeitung vor. In dem Leitartikel wurde darüber diskutiert, wer deutsch sein dürfe, und die Idylle des Erlebten verging ...

Was ist ein Deutscher? Das kann nur eine Fiktion beantworten, denn ein tatsächlicher Eigenschaftskatalog existiert nicht. Sie können wählen zwischen Fiktion eins: Jeder, dessen Eltern Deutsche sind; Fiktion zwei: Jeder, dessen Vater oder Mutter Deutsche sind; Fiktion drei: Jeder, der in Deutschland geboren wurde; Fiktion vier: Jeder, der deutsch spricht und in Deutschland leben möchte, oder irgendeiner anderen Fiktion, die jemand nur formulieren müßte, um ihr einen gleichberechtigten Platz neben all den anderen zu verschaffen. Das ist ganz selbstverständlich, denn der Begriff der Nation selbst ist einer der großen Fiktionen der Menschheitsgeschichte. Doch nur wenn man diesen Begriff aufrechterhält, kann der Staat aussondern und abschieben. Das Problem der Einbürgerung beruht darauf, daß sie eigentlich nicht vorgesehen ist in dem reinen Theoriegebäude der Nation. Nicht nur, weil der Begriff vom Lateinischen für *Geborenwerden* abstammt und somit eher einen Volksstamm oder ein Geschlecht bezeichnet, sondern auch, weil es keine Quereinsteiger geben kann. Dir fehlt die gemeinsame Abstammung, Sprache, Sitte sowie kulturelle und politische Entwicklung, wie willst du dann einer von uns werden? Wenn es also ans Einbürgern geht (was übrigens in manchen Staaten überhaupt nicht vorgesehen ist, weniger, weil diese dem Nationalgedanken puristischer anhängen, sondern weil sie Angst vor fremden Begierden haben), dann müssen die Kriterien dafür erfunden werden. Sie können den einfachen US-amerikanischen Weg gehen und jeden einbürgern, der Lust auf den »American way of life« hat, kein Revoluzzer ist, die Flagge wie seine Mutter achtet und die wichtigsten Artikel der Verfassung nachplappern kann. Sie können auf Sprachmächtigkeit abstellen, auf Kenntnisse der klassischen Kultur oder auf die Vertrautheit mit einheimischen Bräuchen (da wird es schon schwierig: Karneval feiern oder Bier trinken? Müßten dann nicht alle Brasilianer und Iren automatisch eingebürgert werden?). Welches Kriterium Sie auch immer wählen, bei strikter Durchführung droht die massenhafte Ausbürgerung Alteingesessener, die die deutsche Sprache so beherrschen, daß es einem Verinlandeten wie mir graust, die im Gegensatz zu vielen Spätankömmlingen weder Goethe noch Beethoven zu schätzen wissen und die zu Faschingszeiten fluchtartig das Land verlassen, um sich in Frankreich oder Italien angenehmeren Bräuchen hinzugeben.

Als ich vor Jahren zu einem Einbürgerungsgespräch vorgeladen wurde, kam im Laufe der bewußt locker gehaltenen Konversation zutage, daß ich es mit der Literatur habe. Ach, meinte der Beamte, erleichtert, die perfekte Lackmusfrage gefunden zu haben, dann können Sie mir bestimmt etwas über den Schriftsteller Lenz sagen. Klar doch, meinte ich, aber welchen Lenz meinen Sie? Den Hermann, den Siegfried oder den alten Jacob Michael Reinhold. Hm, gutgut, murmelte der Beamte, ich sehe, Sie kennen sich aus. Schon hatte ich den Integrationstest bestanden.

Nun werden Sie auf die Ängste mancher Menschen hinweisen, die keineswegs fiktiv seien. So auch die Angst vor Überfremdung. Aber die Politiker, die sich so eifrig auf diese Angst berufen, übersehen gern, daß man auch Ängste durch Bildung und Einsicht überwinden kann. Schließlich plädiert selbst die CSU nicht dafür, stets alle Lichter anzulassen, damit sich die

Kinder nicht vor der Dunkelheit fürchten. Untersucht man nüchtern die Überfremdungstendenzen in der deutschen Gegenwart, so stellt man fest, daß nicht die Moschee im Arbeiterviertel dominiert, sondern die allseits beliebte kulinarische Multikulturalität, die sich so weit durchgesetzt hat, daß deutsche Gastwirtschaft in den Städten neben Pizza, McDonald oder Gyros fast untergegangen ist. Und besieht man die Sprache, wohl der einzige wirkliche Identitätsträger, dann droht Überfremdung keineswegs durch Anatolien. Die Paschas mit ihren Fez haben es nur geschafft, Kadi und Kaffee hineinzuschmuggeln, die Amis hingegen haben die deutsche Sprache unterlaufen. Wenn ich mich entsinne, schreien die Nationalbewegten dagegen nicht auf. Wogegen ich, der Deutsch und Englisch fast gleichberechtigt als zweite und dritte Sprache benutzt, jeglichen Anglizismus zu vermeiden suche. Wer überfremdet wen, und wer wehrt sich dagegen? Die Fronten sind nicht so eindeutig gezogen, wie der Leitartikel mich glauben machen wollte.

So habe ich vor Jahren festgestellt, daß ich auch Deutscher bin, daß ich sogar deutscher bin als viele, die sich schon viel länger als Deutsche empfinden. Ich bin deutscher als etwa die meisten Einwohner Passaus. Wieso? Weil ich besser deutsch rede und vor allem schreibe als sie, weil ich mehr über die deutsche Geschichte, Kultur und Politik weiß als sie, und weil ich die Verfassung, vor allem die Menschenrechte, ernster nehme als sie, denn ich mache keinen Unterschied zwischen Inländern und Ausländern, zwischen Christen und Muslims, zwischen Weißen und Schwarzen.

Es kann also nur eine Lösung geben: Der Ausländer wird gänzlich abgeschafft. Dann gibt es nur noch Vertraute und Fremde und zwischen ihnen einen fließenden Übergang. Dann wird der Kanake deutscher sein als jeder Wolgadeutsche. Keine Verfassungsänderung und keine Mauer werden das aufhalten. Der Staat mit seinen Dämmstoffexperten wird die eigene graue Eintönigkeit nicht mehr isolieren können. Im Internet herrscht schon Zukunft – es gibt keine Ausländer, jeder hat Zugang und kann die Sprache erlernen. Auch die deutsche. Man kann sie verändern. Mensch und Sprache bewegen sich, seit Anfang der Geschichte. Der Staat reglementiert sie, hält sie auf. Er hat Angst vor der unkontrollierten Veränderung. Vor der Unsicherheit.

# Leander Scholz und Michael Zöllner
**Mustafa der Ausputzer**

DIE SCHREIE WAREN BIS IN DIE OBERSTEN
Zuschauerreihen zu hören. Günter krümmte sich auf dem durchflügten Rasen des Berliner Olympiastadions. Heulsuse und Schauspieler unter Bundestrainer Helmut Schön, nur weil die holzschuhtanzenden Engländer den sensiblen Balletteusen auf die Finger getreten waren. Während Sir Alf Ramsey, der englische Nationaltrainer, mit Alfwiedersehen verabschiedet wurde, zählten die Deutschen fünf verletzte Gliedmaßen und vierunddreißig blaue Flecken. So schlimm war das doch nicht. Sagt Katsche, der Erfinder der Blutgrätsche.

Wenn ich den Rasen nur anschaute, war ich schon dreckig und schwarz von oben bis unten, sagt Katsche, der Ausputzer. Während der Kaiser, der Franz, wie Katsches ehemaliger Lehrmeister war, der den ganzen Tag in der Buchdruckerei mit Druckerschwärze hantieren konnte und abends immer noch saubere Hände hatte. Der Kaiser war ein Genie. Und Katsche war sein Vorstopper. Alte Schule. Ein einfacher ehrlicher Mann, unter lauter Fußballkünstlern ein Kontrapunkt. Schnörkellos, solide und mit der Fähigkeit ausgestattet, selbst mit gebrochenem Schienbein noch weiterzuspielen. Jemand für die Drecksarbeit.

Den Ball habe ich nie gesehen, sagt Franz, immer nur mit dem Fuß gefühlt. Während Katsche bis zum Hals im Matsch stand. Jetzt steht er im Schreibwarenladen seiner Tante, zwischen Valentin-Geburtshaus und Deutschem Museum in München-Au. Katsche oder Hans-Georg Schwarzenbeck, geboren am 3. April 1948, fast 15 Jahre für Bayern München in der Bundesliga, 44 Länderspiele, fünfmal Deutscher Meister, dreimal Deutscher Pokalsieger, dreimal Europapokalsieger der Landesmeister, Weltpokalsieger und mit der Nationalelf Europameister 1972 und Weltmeister 1974. 1978 das Abschiedsspiel von der

Nationalelf. Und dann? Er sollte in den Münchener Vorstand berufen werden, neben Beckenbauer und seine Stiftung für notleidende Fußballspieler. Sollte neben Vize Rummenigge und Vize Breitner zur Bereinigung von internen Disharmonien sorgen, fürs Ausputzen eben. Aber das war ein Scherz. Keiner wollte mehr was von Katsche wissen, ebensowenig wie später von Auge, Klaus Augenthaler, vorne kurz und hinten lang, der erst vor einigen Jahren aus München nach Österreich ausgewiesen wurde.

Kaiser Franz und kleines dickes Müller, die Lichtgestalt und der deutsche Bomber, spielten einen schönen Fußball. Und Paul Breitner, noch mit Bart, war der Ayatollah des Mittelfelds. Aber wer gab Katsche seinen Namen? Das Recht, sag ich mal, Namen zu geben, sagt Katsche, ist ein Herrenrecht, etwa vom Langen, von Häuptling Silberlocke oder dem Professor. Manche heißen liebevoll Harlekin, Pelé, Knallgöwer, Euro-Eddy, Charly oder Dixie, aber wer der Ausputzer oder Wasserträger ist, kann nicht Flocke oder Stepi sein. Katsche ist solides Fußbollwerk, gleiches Maß, wie des Kaisers, 182 Zentimeter, zuverlässig, still und ehrgeizig, stets pünktlich, um die Ausflüge seines Herrn zu sichern. Ich wußte immer, wo ich in dieser Mannschaft stehe, sagt Katsche. Woaßt eh, wie's is.

Als Katsche mit den Bayern 1971 nicht recht vorankam, nur Vizemeisterschaft und DFB-Pokal, registrierte der Verfassungsschutz bereits 2,24 Millionen Gastarbeiter. Der Strom vom Goldenen Horn bis diesseits der Alpen wollte nicht versiegen, obwohl die deutsche Wirtschaft stagnierte. Im systematischen Katalog des Spiegels aus dieser Zeit findet man das Stichwort Gastarbeiter nur im Wirtschaftsteil. Als Katsche mit Bayern im darauffolgenden Jahr wieder Meister wurde, registrierte der Verfassungsschutz bereits 200 radikale ausländische Organisationen und Grüppchen in Deutschland. Das unverschämte Du der Amtsstuben, so der Verfassungsschutz, schockiert die Leute so sehr, daß sie in eine radikale Richtung gedrängt würden. Und was war mit Katsche, dem Ausputzer?

Nur einmal hatte er eine Sternstunde. Nur einmal drückte ihn sein Boß Wilhelm Neudecker für ein paar Sekunden an die Brust und murmelte ein Dankeschön, Katsche. Am Frühlingsabend des 15. Mai 1974 war er im Spiel gegen Atletico Madrid hervorgeprescht und hatte derbe mit der Pike abgezogen und aus 25 Metern ins Tor getroffen. Es war die 120. Spielminute. 20 000 Münchener Fans wollten beim Stand von 0:1 schon zu den Parkplätzen und das Spiel um den Europapokal verloren geben, als Katsche in der letzten Spielminute seine Vorstopperposition aufgab, wie von Hunden gehetzt mit dem Ball am Fuß aus der eigenen Hälfte auf das Tor des Gegners stürmte, 30 Meter vor dem Tor das Tempo kurz drosselte und mit einem tückischen Flachschuß ins Netz traf.

Ich wußte, daß nur noch ein oder zwei Minuten zu spielen waren, sagt Katsche. Da bin ich nach vorne gestürmt. Ein Verzweiflungsschuß, keine Torchance. Hätte ich gewußt, daß das Spiel noch fünf Minuten länger dauern würde, hätte ich nicht aus 25 Metern Entfernung geschossen, sondern abgegeben, ehrlich. Und wie ging das Spiel weiter, ohne Katsche? Schau mer mal, sagt der Franz.

Wie gesagt 1978 Abschiedsspiel, im Februar, genauer gesagt. Nach dem Debakel von Córdoba, als Österreichs Krankl-Hans die Deutschen aus dem Wettbewerb schoß und die Sternstunde von Maradonna und seinen 600 Frauen nahte, hängte auch Helmut Schön, der letzte, unter dem Fußball noch ehrlicher Fußball war, seine Mütze an den Nagel. Dann kam Jupp Derwall, der nach einer vergleichsweise kurzen und turbulenten Karriere als Bundestrainer in die Türkei floh. Die Türkei galt damals als Rentnerparadies.

Jetzt spielen die Türken auch einen schönen Fußball. Sagt Herr Doğan. Ende der Achtziger, als die Berliner Mauer noch stand und der Berliner Einwandererverein Türkiyemspor in der Regionalliga noch oben mitmischte, kamen mehrere tausend Zuschauer zu den Spielen. Nun sehen sich die in Deutschland lebenden Türken lieber ihre heimischen Clubs aus Istanbul oder Ankara via Satellit an. Diese Jungen träumen nicht von der Bundesliga, sagt Herr Doğan. Die wollen später mal in der türkischen Liga spielen.

Mustafa Doğan, sein Sohn, der frühere Uerdinger und deutsche U-21-Auswahlspieler, spielt jetzt bei Fenerbahçe Istanbul, zielstrebig, fleißig, pünktlich und mit deutschem Paß. Als Vorstopper, wie Katsche. Die personifizierte Festplatte deutscher Sekundärtugenden. Der Exportchip der deutschen Defensive. In Duisburg-Rheinhausen geboren, ist er als Neuling zur deutschen Nationalmannschaft eingeladen worden. Als Vorstopper, versteht sich, obwohl es Vorstopper der alten Schule so eigentlich gar nicht mehr gibt, sagt Herr Doğan. Viererkette klappt ja auch nicht immer. Aber irgendeiner muß ja die Drecksarbeit machen.

Nach seinen ersten Einsätzen in der Bundesliga beim KFC Uerdingen – fast 15 Jahre nach Katsches Rücktritt – zeigte sich Mustafa als zuverlässiger, unerschrockener Abwehrspieler und Manndecker, der alle Gegenspieler ausschalten konnte. Mit gesunder Härte, versteht sich. Vor allem für gefährliche Notbremsen war er zuständig. Dafür rächte sich der schnelle Andi aus Dortmund wütend mit ein paar vedeckten Ellenbogenchecks. Mustafa ertrug wie Katsche mit orientalischer Gelassenheit die Demütigungen des Superstars. Ein Auspuzter eben.

Mit Mustafa sind in der Türkei zur Zeit über zwanzig deutsch-türkische Fußballer unter Vertrag. Dort, wo Fußball das halbe Leben ist, sagt Herr Doğan. In Deutschland gibt es keine Fanatiker mehr, ergänzt Katsche. Wenn Fans von Besiktas und Galatasaray in München an einem Tisch sitzen, ziehen sie sich gegenseitig auf, ohne daß Ärger gibt. In ihrer Heimat wäre das unmöglich. Herr Doğan nickt.

Mustafa, Jahrgang 1976, der bei den Junioren-Nationalmannschaften schon 19mal das Trikot mit dem Bundesadler getragen hat, ist ein deutsches Nachwuchstalent. Etwa die Hälfte der Nachwuchsspieler sind Ausländer, zum größten Teil Türken. Weil sie frühestens mit 16 Jahren einen deutschen Paß bekommen, können sie nicht ausreichend gefördert werden. Denn für den, der einmal für eine ausländische Juniorenauswahl gespielt hat, gibt es kein Zurück. Katsche findet das einen Skandal, daß wir so auf 50 Prozent unseres Nachwuchspotentials verzichten. Weil sich die türkischen Spieler frühzeitig entscheiden müssen, entscheiden sie sich für die Heimat. Während in anderen Nationalteams schon seit langem gemischte Mannschaften spielen und eben die Bevölkerung repräsentieren, hofft man in Deutschland immer noch auf den melting pot. Aber der Franz, sagt Katsche, is ja auch nicht dageblieben, damals bei Cosmos. In den USA redet eh niemand mehr vom melting pot, bekräftigt Herr Doğan. Das Modell der Zukunft lautet mixed salad. Deswegen kann Mustafa auch sagen, daß man den türkischen Joghurt vergessen kann, und bunkert massenweise deutschen in Istanbul.

## Joan Kristin Bleicher
**Unterwegs im Dazwischen**

Ein kleiner Streifzug durch die Geschichte
der deutschen Migrantenliteratur

»DIE WAHRE HEIMAT IST EIGENTLICH DIE
Sprache« *Wilhelm von Humboldt*

»Und jeden Tag fahre ich / zweitausend Kilometer in einem
imaginären Zug / hin und her / [...] / und dazwischen ist
meine Welt.« *Alev Tekinay*

In allen Ländern fungiert Kultur als Filter der Selbstwahrnehmung einer Nation. Je vielfältiger die Differenzen innerhalb der kulturellen Vermittlung sind, desto vielschichtiger gestaltet sich die nationale Selbstwahrnehmung. Doch gerade an dieser kulturellen Differenzierung mangelte es bislang in Deutschland. Die in der Bevölkerung weit verbreitete emotionale Angst vor Überfremdung führte bestenfalls zu einer toleranten Haltung gegenüber Ausländern, jedoch nicht zu ihrer sozialen und kulturellen Integration. Aus der in den fünfziger Jahren beginnenden Ausgrenzung wurde schrittweise ein eigenes kulturelles Prinzip. Der Berliner Bezirk Kreuzberg steht als zweitgrößte türkische Stadt stellvertretend für viele »Ghettos« in der Bundesrepublik. Vergleichbar den Ghettobewohnern Nordamerikas, suchen auch die deutschen Migranten nach einer eigenen Stimme im Kulturbetrieb.

Jetzt werden in der Literatur neue Stimmen hörbar, die Stimmen der Migranten in der zweiten und dritten Generation. Sie verzichten auf das Prinzip der Integration und suchen ihre Identität in der selbstgewählten aggressiven Abgrenzung: »Kanak Attack«. Diese Stimmen gehören Autoren wie Feridun Zaimoglu, sie vertreten die jüngste Generation schreibender ausländischer Mitbürger in Deutschland. Ihre aggressive Grundhaltung erklärt sich auch durch den bisherigen Umgang mit Texten der Migranten in der Bundesrepublik. Die Geschichte der Migrantenliteratur ist eine Geschichte deutscher Vereinnahmung, sei es durch politische Instrumentalisierung oder durch den Mogul des Kulturbetriebs.

## Die Gastarbeiterliteratur der ersten Generation: Opferliteratur

Innerhalb der politisch bewußten, aber dennoch hilflos trockenen Arbeiterliteratur erblühte im Deutschland der siebziger Jahre die »Gastarbeiterliteratur«. Das politische Paradox des arbeitenden Gastes wurde zur kulturellen Bezeichnung. Die Sucht des deutschen Literaturbetriebs nach Kategorien für die Einordnung ästhetischer Produkte hatte so einen Begriff geschaffen, der die kulturelle Ausgrenzung zum Prinzip machte. Im Rahmen der politischen Arbeiterliteratur, der »Dortmunder Gruppe 1961«, entstanden in den siebziger Jahren erste Gastarbeiterporträts in Form von Interviews, etwa in Max von der Grüns Sammelband »Leben im gelobten Land. Gastarbeiterporträts.«[1] Die Textform des Interviews verdeutlicht den allgemeinen kulturellen Umgang mit der Migrantenliteratur. In den Verlagen dominiert bis heute die deutsche Blickrichtung, es werden Texte publiziert, die deutsche Fragen beantworten. Eigenständige kulturelle Äußerungen mit selbstgewählten Themen in der eigenen Sprache erhielten in den siebziger Jahren zunächst keine Möglichkeit der Verbreitung. Mit Themen wie eigener Hilflosigkeit mit der Bürokratie, der Diskriminierung im Bereich des Wohnens und am Arbeitsplatz konstituierte sich letztlich eine Opferliteratur. Autobiographische Opfertexte mit Themen aus der Arbeitswelt paßten wiederum gut in die damaligen Verlagsprogramme, die auf eine polarisierte Welterklärung mit kapitalistischen Bösewichtern und ihren Arbeitersklaven setzte. Die Thematisierung sozialer Differenzen ersetzte die Auseinandersetzung mit kulturellen Differenzen.

Entsprechend der nationalen Zusammensetzung von Migranten meldeten sich hauptsächlich italienische und türkische Gastarbeiter zu Wort. Selbsterklärtes Ziel der Autoren war es, mit ihrer Entscheidung für das Schreiben in der deutschen Sprache, »[...] das Gemeinsame zu betonen, um Brücken zu schlagen zu den deutschen Mitbürgern und zu den verschiedenen

Minderheiten anderer Sprachherkunft in der Bundesrepublik.«[2] Migrantenliteratur geriet in ihrer Verwertung durch Verlage und Journalisten zunächst zum bloßen Beiwerk politischer Manifestation. Günter Wallraff zog seine eigene Konsequenz aus dieser Entwicklung. Er verzichtete gleich ganz auf die eigenständige ausländische Stimme und beschrieb seine eigenen Erfahrungen als deutscher Undercover-Türke in »Ganz Unten«.[3]

Kaum gedruckt, wurden die Texte der Gastarbeiterliteratur sogleich von Vertretern der Literaturwissenschaft für die deutsche Literatur vereinnahmt. Germanisten entdeckten ein neues Arbeitsfeld für ihre eigene Forschung und eigene Publikationen. Das Wort »Gast« nahmen Verleger, Leser und Wissenschaftler wörtlich. Aus ihrer Sicht war der Ausländer nur vorübergehend im eigenen Land, seine Literatur galt als fremde Kurzbeschreibung der deutschen Kultur. Die Texte wurden als Hilfsmittel in der gesuchten Harmonie zwischen Gastgebern und Gästen operationalisiert.

Die politisch motivierte Opferliteratur geriet schnell an thematische Grenzen. Das deutsche Interesse an exotischen Lebenserfahrungen im eigenen Land überhörte gerne die in den Texten enthaltenen kritischen Töne. Als Gegenbewegung zu der deutschen Vereinnahmung entstanden in der Migrantenliteratur eigenständige literarische Arbeiten, die sich neuen Themen zuwandten. Franco Biondi legte den Gedichtzyklus »nicht nur gastarbeiterdeutsch« vor. Aras Ören schuf türkische Großstadtgedichte über Berlin, die er ins Deutsche übersetzen ließ. So wie er verweigerten sich auch andere Autoren der Sprache des Gastlandes. Sie erhielten ihre nationale Identität, schrieben in ihrer Muttersprache und veröffentlichten in eigenen Verlagen wie Romiosini in Köln oder perspol in Hamburg. Dieser beginnenden Vielstimmigkeit innerhalb des deutschen Literaturbetriebs steuerte der Adalbert-Chamisso-Preis entgegen, indem er nur an ausländische Autoren verliehen wird, die in deutscher Sprache schreiben.

1980 lösten sich einige Autoren von der bestehenden Integration in den deutschen Literaturbetrieb. Die Italiener Franco Biondi und Gino Chielino wiesen darauf hin, daß sie mit dem Schreiben nicht erst in Deutschland, sondern bereits in ihrem Heimatland begonnen hatten. Sie schlossen sich mit Vertretern von zwölf Nationalitäten zu einer eigenen Interessenvertretung zusammen und gründeten den »Polynationalen Literatur- und Kunstverein« kurz »Polikunst«. Der Bremer Con-Verlag stellte mit der Reihe »Südwind gastarbeiterdeutsch« ein eigenes Publikationsforum für die Gruppe bereit. Die Publikationsform der Anthologie sollte die Vielstimmigkeit der Texte sichern und einer möglichst großen Anzahl von Autoren ein Forum bieten. Das Wort »Gastarbeiterdeutsch« im Reihentitel signalisierte die ursprünglich politische Zielrichtung von »Polikunst«. Schreibende Gastarbeiter wollten den Zusammenschluß verschiedener Migrantengruppen erreichen, um die Gleichstellung mit ihren deutschen Kollegen herbeizuführen. Die Autoren bemühten sich bald, von der Festlegung »Gastarbeiterdeutsch« loszukommen. Zudem waren die Arbeiter gegenüber anderen Berufen der Mitglieder in der Minderzahl. Als schließlich der Neue Malik-Verlag die Publikationsreihe übernahm, verzichtete man auf den umstrittenen Begriff im Reihentitel. Die Gruppe gab damit auch ihre Selbststigmatisierung als Opfer im Literaturbetrieb auf.

## Die zweite Generation: Bestseller der »In-Länder«

Dieser Selbststigmatisierungs-Verzicht bildete die Basis der ersten größeren Verkaufserfolge der zweiten Autorengeneration von Migranten. In Akif Pirincis und Jakob Arjounis Unterhaltungsromanen wird selbstironisch mit den deutschen Klischees der Türken gespielt. Pirinci legte mit seiner deutsch-türkischen Liebesgeschichte »Tränen sind immer das Ende« 1980/81 den ersten gekonnt konstruierten Bestsellerroman vor. Die Liebesgeschichte zwischen dem Bühnenarbeiter und Krimiautor Akif und der Jurastudentin Christa Born ist nicht nur unterhaltsam geschrieben, sie wird auch mit deutschem Jugendjargon versehen. Arjounis deutsch-türkischer Privatdetektiv Kemal Kayankaya aus »Happy Birthday Türke« ist seiner Muttersprache nicht mehr mächtig, was zu deutlichen Schwierigkeiten bei Ermittlungen im Kreise seiner Landsleute führt. Der Syrer Schamir versuchte, eigene nationale Erzähltraditionen in die neue Sprache einzubringen. Seine Märchen bieten einen idyllischen Erhalt eigener kultureller Identität in einem fremden Land. Die

Vorstellungs- und Bildwelten zweier Kulturkreise werden zu harmonischen, träumerischen Texten verknüpft.

Die Japanerin Yoko Tawada dagegen erzeugt die Ironie ihrer Texte aus der unmittelbaren Konfrontation zweier Sprach- und Vorstellungswelten. Mit der Grammatik und den Worten der deutschen Sprache erklärt sich ihre Erzählerin auch die deutsche Wesensart, die deutsche Kultur. Als die Erzählerin ihrer Geschichte »Von der Muttersprache zur Sprachmutter« eine Sekretärin mit einem Bleistift schimpfen hört, erläutert sie das Phänomen aus japanischer Perspektive: »In der japanischen Sprache kann man einen Bleistift nicht auf diese Weise personifizieren. Ein Bleistift kann weder blöd sein, noch spinnen. […] Das ist deutscher Animismus, dachte ich mir.«[4]

Yoko Tawada gebraucht sprachliche Vorstellungswelten gleichermaßen »wörtlich« und »wirklich« und konfrontiert sie mit vergleichbaren japanischen Bedeutungen. Dieser Konflikt erweist sich als kreatives Potential, das gerade dem deutschen Leser einen neuen Blick auch auf solche Gegenstände ermöglicht, die er sonst nicht beachtet. »Ein deutscher Bleistift unterschied sich kaum von einem japanischen. Er hieß aber nicht mehr ›Enpitsu‹, sondern ›Bleistift‹. Das Wort ›Bleistift‹ machte mir den Eindruck, als hätte ich jetzt mit einem neuen Gegenstand zu tun. Ich hatte ein leichtes Schamgefühl, wenn ich ihn mit dem neuen Namen bezeichnen mußte.«[5]

Die Texte der Adalbert-Chamisso-Preisträgerin Emine Sevgi Özdamar bilden eine Schnittstelle zwischen unterschiedlichen Schreibweisen der Migrantenliteratur. Die Autorin verbindet die Traditionslinie metaphernreichen türkischen Erzählens mit der Vielstimmigkeit der Sprache. Sie beschreibt ihr Erleben in der fremden Kultur mit türkischen Metaphern, aber in deutscher Sprache. Nur auf den ersten Blick entspricht ihr jüngstes Buch »Die Brücke vom Goldenen Horn« der traditionellen autobiographischen Gastarbeiterliteratur. Emine Özdamar beschreibt ihre Ankunft in das Deutschland der sechziger Jahre und ihre Zeit als Arbeiterin in einer Berliner Fabrik. Geschickt spielt sie mit nationalen Klischees, die sich in der Begegnung mit deutschen Kollegen, Kneipenbesuchern, aber auch in den Gesprächen im Frauenwohnheim äußern. Özdamar beschreibt parallel zu ihrem persönlichen Erleben auch die Zeitgeschichte durch Zeitungsschlagzeilen, die ihre Protagonistin zur Verbesserung ihrer Sprachkenntnisse beim Milchholen auswendig lernt. Ihre Mischung der Sprach- und Vorstellungsbilder ist einer der Wegbereiter für die Kultur des Dazwischen der jüngsten Autorengeneration in der Migrantenliteratur. Özdamar harmonisiert den Konflikt der Kulturen in eigenständigen literarischen Welten.

Radikaler noch als in den Texten Özdamars wird das Problem des Lebens im Dazwischen in Franco Biondis Roman »Die Unversöhnlichen oder im Labyrinth der Herkunft« radikalisiert. Biondi thematisiert die widersprüchliche Identität in Deutschland schreibender Ausländer in einem abenteuerlichen erzählerischem Konstrukt. Der Autor schreibt sich selbst in die Erzählung als Franco Biondi, dem Alter ego des Ich-Erzählers Dario Binachi. Diese beiden Zentralgestalten des Buches bilden die Pole der Identität des Schriftstellers Biondi. Dario Binachi steht für das alte Ich der Heimat, Franco Biondi ist das neue Ich im Einwanderungsland. Die neue Sprache ermöglicht eine neue Identität im jetzigen Lebensraum. Die alte Sprache bleibt an die alte Heimat, das alte Leben gebunden. Zwischen beiden Identitäten scheint keine Verbindung möglich.

## Die dritte Generation: Kanak Attack

Die jüngsten Vertreter der Migrantenliteratur nehmen die Differenz stärker wahr als die Harmonie. In den neunziger Jahren erklärt sich der fremde zum eigenen Blick. Aus den Ausländern werden Inländer, die gleichwohl zwischen den Kulturen leben und diesen Raum des Dazwischen ganz unterschiedlich thematisieren. Deutsche Ausländerfeindlichkeit wird dabei zur Basis der eigenen Identitätsbildung. Die in Deutschland geborenen Migranten der dritten Generation bilden, so der türkische Autor Feridun Zaimoglu, die erste Generation der Kanaken. Die Selbstbeschreibung nutzt deutsche Schimpfwörter zur eigenen, positiv gewerteten Identitätsbildung und verdeutlicht damit die eigene Abgrenzung, das Leben am Rande der deutschen Gesellschaft. »Wir sind die Kanaken, vor denen ihr Deutschen immer gewarnt habt. Jetzt gibt es uns, ganz eurem Bild und euren Ängsten entsprechend.«[6]

Der Sprachgebrauch der Kanaken löst sich von den klassischen Gastarbeitertexten der ersten Generation. Die einst von Humboldt beschworene Sprachheimat gerät bei ihnen zu einem lebendigen Hybrid verschiedener Sprachkulturen. Eine Mischung aus deutschen und türkischen Versatzstücken, »[...] eine Art Creol oder Rotwelsch mit geheimen Codes und Zeichen. Ihr Reden ist dem Free-Style-sermon im Rap verwandt, dort wie hier spricht man aus einer Pose heraus.«[7] Junge, in Deutschland geborene Türken, in ihrer Heimat Deutschländer genannt, reagieren mit einer starken Aggression sowohl auf den Traditionalismus ihrer Eltern als auch auf die vereinnahmende Toleranz ihrer deutschen Leser. Junge »Kanaken« suchen ihre Identität außerhalb von Nationalitäten, nur innerhalb der eigenen Person. Doch der Gestus bleibt widersprüchlich, und die Haltung erscheint gebrochen. »Als selbstbewußtes Individuum aber existiert der Kanake auch nur auf dem Paßfoto.«[8] So konstatiert Feridun Zaimoglu konsequent in der Frankfurter Literaturnacht des WDR 1997 die neue Haltung: »Es gebe keine Türken, es gebe keine Herkunft, es gebe keine Identität, das sei alles Gehirnwichse, es gebe nur die Kanaksta und Kanak, sie kämen jetzt raus aus ihren Räumen! Die Devise heißt: Kanak Attack!«[9] Es geht um die Etablierung eines kulturellen Nebeneinanders innerhalb der deutschen Erfahrungsgemeinschaft. Eine Vielfältigkeit kultureller Lebenswelten nebeneinander kennzeichnet das neue Selbstverständnis und folgt damit letztlich einem Prozeß kultureller Differenzierung, wie ihn die Mediengesellschaft auch an anderen Fronten etabliert.

Damit wehren sich nicht nur junge Türken gegen die deutsche Zwangsintegration. Auch junge jüdische Autoren wie Raphael Seligmann, den hingebungsvolle Leser auch als deutschen Woody Allen bezeichnen, wehren sich massiv gegen jüdische Klischees in der deutschen Kultur. Sie wenden sich von den autobiographischen Leidenstexten ihrer Eltern ab und spielen mit den Klischees des Juden in Deutschland. Die eigene Stimme wird in der Abgrenzung und nicht mehr in der Harmonie gefunden. Integration und Assimilation sind nicht mehr das Ziel. Man bewegt sich selbstverständlich in dieser Welt, sieht deren Zukunft aber im kulturellem Mix, in ihrer Vielstimmigkeit und Vielfarbigkeit, nicht in einer kulturellen Einförmigkeit. Lea Fleischmann sieht in der Abgrenzung zu den herrschenden kulturellen Leitbildern dieser Gesellschaft eine Parallele zwischen Juden und Türken: »Ich werde mir keine Verständnisfloskeln für Juden und Ausländer mehr anhören.«[10] Die jüdische Autorin Esther Dischereit beschließt konsequent: »Ich werde Türke, mindestens.«[11]

Am gegenwärtigen Endpunkt der Migrantenliteratur ist damit wieder ein neuer Ausgangspunkt gewonnen. Die Zertrümmerung der tradierten Sprachen schafft neue Bausteine für einen Neuanfang. Multikulti-Literatur besteht in den neunziger Jahren aus dem Neben- und nicht mehr dem Miteinander vielfältiger Stimmen. Bei Feridun Zaimoglu liest sich das dann so: »Wir waren Freunde, wir kannten uns von klein auf, weißt du, das auch wieder nicht, aber seit der Pubertät, lan kay ret olamaz, okay.«[12]

Dieser Umgang mit Sprachelementen ist symptomatisch für das Lebensgefühl der jungen Autoren, die mit den verschiedensten Kultur- und Lebenswelten jonglieren. Der mit der Entwicklung der deutschen Migrantenliteratur bestens vertraute Carmine Chiellino diagnostiziert einen »starken Rückzug aus der gemeinsamen Erfahrung«.[13] Nationale Kulturen sind die Quellen für eine Fülle ganz eigenständiger Sprach- und Vorstellungsbilder. Dabei läßt der fremde Blick auf das eigene Land vieles in klareren Konturen erscheinen. Im Spiegel der Literatur sehen deutsche Leser die eigenen stereotypen Verhaltensweisen. Die Vielzahl ausländischer Texte formiert sich zu einem Mosaik der Blicke auf das eine »Deutsch-Land«. Nicht mehr die Ausländer, nun bilden die Deutschen das Objekt im Zoo der literarischen Betrachtung.

# Literaturverzeichnis

Ackermann, Irmgard (Hrsg.): In zwei Sprachen leben. Berichte, Erzählungen, Gedichte von Ausländern. München 1983.

Dies.; Weinrich, Harald (Hrsg.): Eine nicht nur deutsche Literatur. Zur Standortbestimmung der ›Ausländerliteratur‹. München 1986.

Biondi, Franco; Naoum, Jusf; Schami, Rafik (Hrsg.): Zwischen zwei Giganten. Prosa, Lyrik und Grafiken aus dem Gastarbeiteralltag. Bremen 1983.

Ders.: Die Unversöhnlichen oder Im Labyrinth der Herkunft. Tübingen 1991.

Chiellino, Carmine: Die Reise hält an. Ausländische Künstler in der Bundesrepublik. München 1988.

Ders.: Literatur und Identität in der Fremde. Zur Literatur italienischer Autoren in der Bundesrepublik. Kiel 1989.

Ders.: Am Ufer der Fremde. Literatur und Arbeitsemigration 1870-1991. Stuttgart 1995.

Friedrich, Heinz (Hrsg.): Chamissos Enkel. Literatur von Ausländern in Deutschland. München 1986.

Kalpaka, Anita; Räthzel, Nora (Hrsg.): Die Schwierigkeit, nicht rassistisch zu sein. Berlin 1986.

Lili: Gastarbeiterliteratur. H. 56. Göttingen 1984.

Pazarkaya, Yüksel: Rosen im Frost. Einblicke in die türkische Kultur. Zürich 1982.

Polikunst (Hrsg.): Lachen aus dem Ghetto. Katenelbogen 1985.

Said: Orientalismus. Frankfurt am Main, Berlin 1981.

Stölting, Eberhard: Goldene Stadt und arkadische Heimat. Mechanismen des Migrantendiskurses. In: Zibaldone. Zeitschrift für italienische Kultur der Gegenwart. 1986.

Weigel, Sigrid: Literatur der Fremde – Literatur in der Fremde. In: Klaus Briegleb; Sigrid Weigel (Hrsg.): Gegenwartsliteratur seit 1968. München 1992. S.182-229.

Weinrich, Harald: Gastarbeiterliteratur in der Bundesrepublik Deutschland. In: Volker Hage (Hrsg.): Deutsche Literatur 1983. Ein Jahresüberblick. Stuttgart 1984. S.230-232.

Zeitschrift für Kulturaustausch H.1: … aber die Fremde ist in mir. Migrationserfahrung und Deutschlandbild in der türkischen Literatur der Gegenwart. Stuttgart 1985.

Zaimoglu, Feridun: Kanak Sprak. 24 Mißtöne vom Rande der Gesellschaft. Hamburg 1995.
Ders.: Abschaum. Die wahre Geschichte von Ertan Orgun. Hamburg 1997.

1. Max von der Grün (Hrsg.): Leben im gelobten Land. Gastarbeiterporträts. Neuwied 1975.
2. Franco Biondi; Rafik Schami: Literatur der Betroffenheit. Bemerkungen zur Gastarbeiterliteratur. In: Christian Schaffernicht (Hrsg.): Zu Hause in der Fremde. Ein bundesdeutsches Ausländerlesebuch. Reinbek 1981. S.134.
3. Marlene Schulz schrieb die weibliche Variante des Wallrafschen Vorhabens als Tagebuch nieder »Mein Name Keskin«.
4. Yoko Tawada: Talisman. Tübingen 1996. S.10.
5. Ebenda S.9.
6. Feridun Zaimoglu: Abschaum. Die wahre Geschichte von Ertan Orgun. Hamburg 1997. S.183.
7. Feridun Zaimoglu: Kanak Sprak. 24 Mißtöne vom Rande der Gesellschaft. Hamburg 1995. S.13.
8. Ebenda S.11.
9. Zitiert nach Joachim Lottmann: Kanak Attack! Ein Wochenende in Kiel mit Feridun Zaimoglu, dem Malcolm X der deutschen Türken. In: Die Zeit Nr.47. 14.11.1997. S.88.
10. Lea Fleischmann: Dies ist nicht mein Land. Eine Jüdin verläßt die Bundesrepublik. 1980.
11. Zitiert nach: Sigrid Weigel: Literatur der Fremde – Literatur in der Fremde. In: Klaus Briegleb; Sigrid Weigel (Hrsg.): Gegenwartsliteratur seit 1968. München 1992. S.192.
12. Feridun Zaimoglu: Abschaum. Die wahre Geschichte von Ertan Orgun. Hamburg 1997. S.116.
13. Carmine Chiellino: Am Ufer der Fremde. Literatur und Arbeitsemigration 1870-1991. Stuttgart 1995. S.437.

## Zehra Çirak
## Vom Orientexpreß zum Intercity – Schreiben Zug um Zug

Darstellung einer literarischen Generation deutsch schreibender Autoren nichtdeutscher Herkunft am eigenen Beispiel

IRGENDWANN FING ES AN, UND ES WAR nötig, bei der Vorstellung meiner Texte und meiner Person eine Kleinigkeit richtigzustellen. Da ich nur in deutscher Sprache schreibe, wollte ich nicht mehr, wie so oft und fälschlich, türkische Autorin genannt sein, sondern: deutschsprachige Autorin türkischer Herkunft. Um keine falschen Hoffnungen beim türkischen Leser oder Publikum bei meinen Lesungen zu wecken. Und um richtig eingeordnet zu werden, bei jenen, die darüber staunen, wie gut ich die deutsche Sprache beherrsche.

Deutsch habe ich nicht als Fremdsprache gelernt, sondern es mir beim Sprechen und Singen im Kindergarten in Karlsruhe angelebt. Leider hat sich später meine ursprüngliche Muttersprache nicht weiter entwickelt, als die eines zum Beispiel elfjährigen Kindes. Dafür bin allein ich selbst verantwortlich, habe ich doch mit Freunden und Geschwistern nur deutsch gesprochen und eigentlich nur in Anwesenheit meiner Eltern die türkische Sprache benutzt.

Heute habe ich Mühe, selbst die türkische »Bildzeitung« zu lesen. Irgendwann werde ich es nachholen und mein Türkisch bessern und weiterbilden.

Noch bin ich gefangen und zu sehr konzentriert auf die Sprache, die mein Handwerkszeug ist, diese will ich noch ein Weilchen polieren und vielleicht auch glänzen lassen. Bis zu meinem dritten Geburtstag war ich Istanbulerin.

1963 fuhr ich mit dem Orientexpreß gemeinsam mit meiner Mutter und meiner ein Jahr älteren Schwester in Deutschland ein. Mein Vater, der schon ein Jahr zuvor hier angekommen war, erwartete uns ungeduldig, um uns endlich dieses Schlaraffenland zeigen zu können. Wir wollten natürlich wie die meisten Arbeitsimmigranten nur noch ein Jährchen bleiben, um dann reich und glücklich zurückzukehren. Aber daraus wurden Jahrzehnte.

Ich hatte eine glückliche Kindheit in zwei Kulturen. Zu Hause das Türkische, draußen das Europäische, das mich später mit zunehmender Pubertät in ein Doppelleben führte. In dieser Zeit, mit 16 Jahren, begann ich, gerade meinen Hauptschulabschluß in der Tasche und schon in der Berufsschule, Tagebuchaufzeichnungen zu schreiben. Diese schmückte ich mit ersten lyrischen Versuchen. Natürlich in der deutschen Sprache, da sie mir ja auch als Geheimnishüter vor den Eltern diente.

Meine ersten Versuchseier waren in deutscher Sprache gelegt. Doch das nicht ganz so typische Nest dazu und manch kleine Fabulier- und Sprachspiellust, brachten die Wortedeuter und Schubladenräumer dahin, mich schon meines Namens wegen, übersetzt heiße ich Morgenstern Lehrling, in den Ausländerschrank und in die »ein-Ausländer-schreibt«-Schublade zu stecken. Noch wußte ich nicht, was das mit sich bringen sollte. Doch allein dadurch hatte ich schon früh eine Tür, dann einen Korridor und den Weg in das literarische Zimmer gefunden. Diesen kleinen oder großen Vorteil wollte ich auf keinen Fall zum Nachteil werden lassen.

Kennen Sie den Begriff Ausländerbonus? Dieses Schimpfwort durfte nicht im Zusammenhang mit all den exotischen Namen ausgesprochen werden.

Anfang der achtziger Jahre waren viele Anthologien mit den Texten junger Autoren der zweiten Generation der Immigranten in Deutschland gefüllt. Hier waren auch meine ersten Versuche zu finden. Die Titel dieser Bücher klangen alle ähnlich, wie etwa: »In der Fremde« oder »Zwischen zwei Kulturen« oder »Über Grenzen« und so weiter. Diese Titel mochte ich nicht, aber sie klangen wohl verkaufsfördernd und -trächtig.

Immerhin, plötzlich begegneten wir nicht nur Interesse, sondern hatten auch Veröffentlichungen in so bekannten Verlagen wie Rowohlt oder dtv.

Manche Erwartungen der Förderer und Leser solcher Anthologien wurden, was die Themen dieser Texte betraf, nicht immer erfüllt. Viele dieser Autoren, auch ich, hatten sich kaum oder gar nicht mit ihrer Herkunft oder der Frage des Fremdseins in Deutschland beschäftigt.

Die vorausgehende Generation und nur einige der jüngeren sahen dies noch als ihr Hauptthema an und beschrieben es.

Jeder hatte für sich selbst ganz eigene Erfahrungen gemacht. Uns unterschieden Schichtzugehörigkeit, Alter und die Beweggründe, die uns nach Deutschland hatten kommen lassen.

Viele waren wie ich als Kleinkind angekommen, manche als Schüler oder Studenten, als Pubertierende oder auch schon Erwachsene. Manche schrieben in beiden Sprachen. Auch über das Studium der Germanistik haben viele zum Schreiben gefunden. Also auch nicht anders als vielleicht ein deutscher Germanist, der zum Schriftsteller wurde. Den Biographien der Autoren wurde mehr Aufmerksamkeit geschenkt als ihren Texten selbst. Wie überall waren natürlich auch hier enorme Qualitätsunterschiede festzustellen. Literatur ist, wie jede andere Arbeit in der Kunst, entweder interessant und gut oder langweilig und schlecht. Aber ein Bonus oder gar belächelndes Verständnis ist nicht von Nutzen für die Sache, sondern hat etwas mit Gönnerhaftigkeit und auch mit Politik zu tun. Abgesehen davon, daß ein Land immer Vorzeigeleute braucht, egal in welcher Branche und zu welchem Zweck. Alle Münzen haben nicht nur zwei Seiten, sondern auch ein Innenleben.

Infolge der Übergriffe, Brandstiftungen und Morde an Ausländern waren die Medien daran interessiert, auch von den nichtdeutschen Autoren zu hören, was sie dazu zu sagen hätten.

Ich denke, daß Autoren, wie sonst andere Menschen auch, wenn sie am Strand an einem Meer stehen und Ausschau halten, immer darauf warten, daß vielleicht eine Welle käme und sie mitnähme. Auf eine solche Welle sind wir aufgesprungen und haben uns tragen lassen auf dem großen Wasser der Buchstabenmeere. Wir kleinen Buchstabenfische waren nun nicht mehr ganz so trocken und unbekannt unter dem Himmel der Träumer und jungen Schreiber und Anfängerlyriker/innen.

Ohne diese Aufmerksamkeit für unsere Schuppen und Legeplätze, von denen wir stammen, hätten wir wohl nicht so bald verlegt und gelesen werden können.

Einige von uns kleinen Buchstabenfischen zappelten von Anfang an gegen sture Einordnung und Festlegung auf Herkunft und Nationalität. Unser Spielfeld war sehr eingeschränkt. Wenige hatten Glück und es einigermaßen geschafft, in der Literaturwelt in Deutschland Fuß zu fassen.

Nicht alle hatten persönliche private Berater und wichtige Helfer, wie ich zum Beispiel meinen Lebensgefährten, der als Bildhauer und Literaturkenner mir sehr früh schon Stütze und Hauslektor war. Auch sind nicht alle von uns durch renommierte und wichtige Autoren weiterempfohlen worden, an Verlage oder literarische Kulturinstitute.

Die Goethe-Institute in Deutschland und im Ausland haben uns auf unserem Weg sehr geholfen und viel dazu beigetragen, Gehör zu finden und bekannter zu werden.

Unser Bedürfnis, nicht nur mit diesen nichtdeutschen Autoren, sondern selbstverständlich auch mit den deutschsprachigen Autoren aus Deutschland, Österreich oder der Schweiz konkurrieren zu wollen, ist stets dagewesen und hat viele Diskussionen angeregt. Noch heute ist dies Gesprächsstoff bei Zusammenkünften von Autoren, die als Gruppe dieser Gattung vorgestellt werden. Wir kennen uns gegenseitig und treffen uns bei Leseveranstaltungen in Kanada oder den USA oder Amsterdam oder Afrika oder all den anderen Ländern, überall, wo es, dank Goethe, die deutschsprachige Literatur zu vertreten gilt.

Wir atmen auf, wenn wir auf der Liste der eingeladenen Autoren unsere Namen unter die der deutschen Namen gemischt finden.

Ich persönlich atme immer öfter auf, und, zugegeben, ich bin nicht betrübt, wenn, wie auch schon öfter geschehen, mich als Forschungsobjekt für Germanistikdoktoranden aus verschiedenen Kontinenten Anfragen erreichen. Ich gebe daher gerne darüber Auskunft, wie das so ist mit den jungen Autoren der zweiten Generation in Deutschland. Ich rücke dann dezent meine Texte in den Vordergrund. Die sagen das meiste über mich.

Daß sich die Sekundärliteratur gerne mit dem Phänomen dieser Autoren beschäftigt, ist für uns nicht von Nachteil. So habe ich schon weltweite Kontakte zu Menschen geknüpft, die dann, wenn sie ihren Deutschland-Berlin-Aufenthalt in Form eines Forschungsstipendiums verbrachten, zu Freunden wurden. Nein, wir haben keinen triftigen Grund zum Jammern, aber Grund zum Aufmucken haben wir immer wieder und sollten es auch ab und zu tun.

Wenn wir es unserer Herkunft verdanken, in dieser Weise Einladungen aus allen möglichen Gegenden zu erhalten, ist es mir persönlich eine Freude. Auf diesem Weg die Welt bereisen zu können ist schon etwas Schönes.

Ich freue mich, diese Möglichkeiten geboten zu bekommen. Und ich »lesereise« meine Texte gerne – Gedichte von einer Lyrikerin, Autorin, aus der Schublade der »noch jungen Lyriker/innen«. Vielleicht werde ich auch einmal aus der Schublade der linkshändig schreibenden Autoren zu fischen sein.

# Zehra Çirak
**Voyageur**

Die Augendeckel schliessen
mit dem Wissen
alles ist eingepackt
die Zeit der Ort der Umstand

Eine Mücke ist in den Kopf geraten
einfach durch das Auge
sie summt sie kreist sie sticht

Eine Mücke deren Treffspur
seltsamen Abdruck hinterläßt

War das die meine die Hand
die da schlug auf die Stirn die eigene

Ich bin die Zeit der Ort der Umstand
und die Mücke im Kopf das Reisende
darf ich jetzt nicht mehr
ohne die Mücke zu verlieren
die Augen öffnen?

# Bernhard von Guretzky
## Tansu

ICH HATTE SEIT EIN PAAR WOCHEN MEINEN neuen Job angetreten und war auf einer Dienstreise zum Hauptquartier meiner Firma in einer norddeutschen Stadt. Es war schon später Nachmittag, und wie üblich in vergleichbaren Situationen drängte ich meinen Kollegen, der mit mir zurück nach München fahren wollte. Ich habe es immer eilig, zum Flugplatz zu kommen, bin ständig in Angst, den Flieger zu verpassen, insbesondere wenn noch 80 km Autobahn vor einem liegen. Ich wartete im Großraumbüro, das er beherrschte, in dem seine Mitarbeiter ihren Platz hatten, während er irgendwelche Papiere aus seinem getrennt davon liegendem Büro zusammensuchte. Neugierig ging ich von Schreibtisch zu Schreibtisch und versuchte, mir anhand der Gegenstände und der vorliegenden Ordnung ein Bild von dem dazu passenden Menschen zu machen. Ein Schreibtisch fiel mir auf; ein Sparschwein mit drei eingebrannten Buchstaben MCP stand auf ihm. Ich nahm es in die Hand, es war reichlich schwer von den Geldstücken, die es verschluckt hatte. MCP konnte eigentlich nur für Male Chauvinist Pig stehen. In diesem Moment betrat die Eigentümerin des Sparschweins das Großraumbüro, durchquerte es und setzte sich an ihren Schreibtisch. Es war, wie gesagt, schon recht spät, und ich wunderte mich, daß zu dieser Zeit noch ›einfache‹ Mitarbeiter anwesend waren. Sie schaute mich an, ihr kecker Blick wanderte auf das Sparschwein und zurück zu mir. In fragendem Ton sprach ich nur die Worte Male Chauvinist Pig. Sie freute sich über meine Entdeckung und erzählte mir begeistert, wie oft insbesondere ihr Chef, der Langweiler, den ich zur Eile drängte, schon Fünfmarkstücke für freche Sprüche bezahlen mußte. Wäre ich an seiner Stelle, so hätte auch ich viele Geldstücke auftreiben müssen. Die Frau sah bezaubernd aus. Pechschwarze Haare wie Schneewittchen, klein, aber durchaus athletisch, dunkelbraune, große Augen. Sie hatte freche Mundwinkel und ein freches Mundwerk, ich verstand mich auf Anhieb mit ihr. Sie, angeblich froh, mich endlich persönlich zu treffen, trug mir sogleich ihre Marketingideen für die Produkte vor, die auf der bevorstehenden Messe ausgestellt werden sollten. Sie versprach, sich bald bei mir zu melden, um dies weiter auszuführen.

Auf dem Weg zum Flughafen erkundigte ich mich beiläufig nach der Mitarbeiterin meines Kollegen. Sie war Türkin, in Deutschland geboren, und das hier war ihr erster Job nach der Universität. Mein Begleiter nörgelte an ihr herum; ich hatte jedoch das Gefühl, daß er weniger mit ihrer Arbeit unzufrieden war, als daß sie ihm nicht genügend Aufmerksamkeit schenkte. Deswegen also das fast volle Sparschwein auf ihrem Schreibtisch, dachte ich. Sie hieß Tansu. Später habe ich oft die richtige Betonung bei der Aussprache ihres Namens geübt. Tansu wird auf der letzten Silbe betont.

In der Folgezeit trafen wir uns in unregelmäßigen Abständen bei meist überflüssigen Besprechungen, wo sie stets Protokoll führte. Wir verstanden es, die drögen Sitzungen für uns etwas aufzulockern. Nach circa einem Jahr, das Headquarter war inzwischen nach Frankfurt verlegt worden und mit ihm auch Tansu, hatte ich dort für ein paar Tage einige Termine. Ein bildhübsch aussehender Freund von mir, bei dem ich zu übernachten pflegte und der sich gerade von seiner Freundin, die ich aus meiner Berliner Zeit gut kannte, getrennt hatte, war auch gerade ins weltstädtische Frankfurt gezogen. Tansu war new in town, und ich fragte sie am Ende einer dieser langweiligen und ineffektiven Besprechungsrunden, ob sie mich zu meinem Freund begleiten wolle. Beide suchten Anschluß, warum sollte es nicht klappen. Nun, es klappte nicht, obwohl die beiden es aus mir unerfindlichen Gründen über Monate hinweg immer wieder miteinander versuchten. Am Ende war auf beiden Seiten nur Frust.

Ich war zu dieser Zeit nicht mehr ganz so glücklich verheiratet, aber eine Affäre kam mir dennoch überhaupt nicht in den Sinn. Obwohl mich meine Frau kurz vorher mit der Ankündigung überrascht hatte, nach Dublin ziehen zu wollen, wollte ich meine Ehe eigentlich wieder auf Kurs bringen. Überdies lernt jeder, daß Verhältnisse auf der selben Kostenstelle tunlichst zu vermeiden sind. So hielten meine guten Vorsätze, obwohl ich inzwischen eine Art Vertrauter für Tansu geworden war und mir einbildete, so etwas wie ein väterlicher Freund zu sein.

Wir telefonierten inzwischen fast täglich, selten ging es dabei um fachliche oder berufliche Themen. Ich wunderte mich, daß meine Sekretärin nie eine Bemerkung ob der Häufigkeit ihrer Anrufe machte. Eines Tages versuchte ich Tansu im Büro zu erreichen, sie war jedoch krank, und so rief ich bei ihr zu Hause an. Ich holte sie wohl aus dem Schlaf, denn ich hörte nur ein leises Hauchen. Dieses Hauchen jedoch löste in mir ein Déjà-vue aus, starkes Herzklopfen war die Folge, und ich schien im Gesicht rot anzulaufen. Diese heftige Reaktion erschreckte mich. Hatte ich mich plötzlich verliebt? Ich versuchte in der Folge unseren Kontakt einzuschränken, ihn etwas bewußter, kontrollierter zu gestalten. Verliebt sein ist zwar wunderschön, aber eben bitte nicht auf derselben Kostenstelle.

Einige Monate nach diesem mich alarmierenden Zwischenfall nahte der Termin für die wichtigste Messe der Branche in Düsseldorf. Tansu war zuständig für die organisatorische Abwicklung des Messeauftritts unserer Firma. Sämtliche Buchungen und Reservierungen gingen über ihren Schreibtisch. Sie bat mich, am Tag meiner Ankunft in der Stadt um ein Gespräch. Sie wollte nicht genau rausrücken, worüber, ich hatte jedoch den Eindruck, daß es einen beruflichen Hintergrund haben würde. Recht spät am Abend klopfte ich an ihre Tür, wobei ich schmunzelnd feststellte, daß wir Zimmernachbarn waren. Es wurde ein sehr langes Gespräch. Ich versuchte immer wieder herauszubekommen, was der eigentliche Grund für ihren Gesprächswunsch war, ihre Gesichtszüge waren sphinxhaft. Es war eine bizarre Situation, in der ich versuchte, eine geschäftsmäßige Contenance zu bewahren, sie jedoch um mich herum schwebte. Nach Stunden diese Tanzes und immer noch unsicher über meine Aufgabe hier in ihrem Zimmer, stand ich auf, nahm sie – endlich, wie sie wohl empfinden mußte – in meine Arme und trug sie aufs Bett. Diese Situation kam mir sehr banal vor, hatte ich sie doch vorher schon Dutzende Male in billigen Filmen gesehen. Ich fühlte mich nicht authentisch, nicht ich selbst, etwas in mir vollbrachte diese mir fremde Handlung. So als ob ich mein Zentrum verloren hatte, agierte ein Teil, während der andere diese Szenerie betrachtete und kommentierte. Ich fühlte mich unwohl, auch weil ich meine Ehefrau betrog. Das war die eine Seite, die andere genoß es, verführt zu werden und einen wunderschönen, straffen, mir unbekannten Körper zu erkunden. Den Schein wahrend, verschwand ich unter ihren Protesten mitten in der Nacht in meinem Hotelzimmer.

Beide genossen wir die wenigen Messetage, oder besser, die Abende und Nächte, und uns beiden war klar, daß das nur eine Episode sein konnte. Wie sie bemängelte, war ich zu alt für sie, und mir war eine außereheliche Beziehung zu umständlich, ich wollte aus meiner Ehe nicht heraus. Obwohl ich das Verliebtsein genoß und berauscht meines wieder lebendig werdenden Selbst gewahr wurde, gab es eine immer deutlicher werdende Barriere zwischen uns. Je länger wir uns kannten, desto mehr schien sie sich zu verschließen, sich immer weniger preisgebend. Äußerlich gipfelte es darin, daß wir Seite an Seite in ihrem Bett schliefen, ohne jegliche zärtliche Berührung. Obwohl wir scheinbar über alles reden konnten, war ein Austausch über diese Art von Intimität nicht möglich.

Tansu war nicht religiös, ihre muslimische Erziehung schien mir nirgends durch. Ich sprach sie einmal auf die mir unverständliche türkische Kurdenpolitik an, die ich mit Israels Politik gegenüber den Palästinensern verglich. Ich erschrak über ihre wütende Reaktion, laut und erregt beschimpfte sie mich, dabei keine Rücksicht nehmend auf die Tischnachbarn im Restaurant, in dem wir gerade aßen. Selbst Stunden später war sie noch aufgebracht und nahm mir meine Einstellung übel. Ich habe den Fanatismus nie verstanden, mit dem sich Türken oder Iraker gegen die kurdischen Autonomiebestrebungen wehren oder mit welcher Hingabe sich Serben und Albaner bekämpfen. Doch nach diesem Gespräch mit meiner Türkin habe ich die tiefsitzenden Ressentiments, die oft genug die Grenze zum Haß überschreiten, nachempfinden können. Verstehen tue ich es immer noch nicht.

Es schien mir, daß sich in der Folgezeit unser Verhältnis stetig abkühlte. Wir blieben einander freundschaftlich verbunden. Sie hatte inzwischen einen Liebhaber, der sie mit seiner Gleichgültigkeit anscheinend ähnlich nervte wie einige Zeit vorher mein Frankfurter Freund. Ich war jetzt der Beziehungstherapeut, eine Rolle, die ich durchaus mochte, konnte ich mich doch selbst heraushalten.

Ich hatte geschäftlich viel in Frankfurt zu tun, und wir sahen uns häufig, obwohl ich es inzwischen vermied, bei ihr zu übernachten. Ihr wunderschöner Körper weckte doch Begierden in mir, die ich nur schwer kontrollieren konnte. Davon abgesehen, wollten wir beide nichts mehr voneinander, die beste Voraussetzung für unbeschwerte Begegnungen. So dachte ich.

Tansu war ehrgeizig, und sie entschied sich, während ihres Urlaubs Weiterbildungskurse in italienischer Sprache zu besuchen. Eine vorbildliche Einstellung, die von ihrem Chef in keinster Weise gewürdigt wurde. Ich hatte es so arrangiert, am Tag ihrer Abfahrt nach Italien dienstlich in Frankfurt zu sein. Wir verbrachten einen wunderschönen Nachmittag in ihrer Wohnung, der meine Vorsätze, eine kontrollierende Distanz zu ihr zu wahren, über den Haufen warf. An diesem Tag verliebte ich mich erneut in sie, stundenlang saß sie auf meinem Schoß, und wir redeten, flüsterten, lachten, schwiegen gegen die bevorstehende Trennung an. Der Zeitpunkt ihrer Abfahrt rückte immer näher. Ich glaube, zehn Minuten bevor sie zum Bahnhof aufbrechen mußte, fielen wir übereinander her. Sehnsüchtig, wild, ausgelassen und übermütig, aber doch behutsam und zärtlich.

Ich rief sie täglich in ihrer Schule in Italien an. Sie brachte mir durchs Telefon Italienisch bei. Plötzlich waren wir wieder in einer Beziehung, die doch ursprünglich keiner so recht wollte. Der Altersunterschied, dieselbe Kostenstelle und unsere jeweiligen Primärbeziehungen spielten plötzlich keine Rolle mehr. Beugten wir uns beide der so berüchtigten normativen Kraft des Faktischen? Ihre Rückkehr konnte ich kaum erwarten. Obwohl immer noch alles gegen diese Beziehung sprach, begann mein Widerstand nachzulassen. Sie liebte es, neben mir im Auto zu sitzen oder ins Restaurant zu gehen und sich dabei an der Vorstellung einer Paarbeziehung zu mir zu ergötzen. Ich fühlte mich geschmeichelt durch diese Reaktionen, war stolz, sie an meiner Seite zu haben, empfand aber auch die darin liegende Enge und Spießigkeit.

Es war die Zeit der Lichterketten in Deutschland. Von Ausländern bewohnte Häuser wurden nicht nur in Rostock-Lichtenhagen vom ›häßlichen‹ Ossi in Brand gesteckt, sondern auch im gutbürgerlichen und bis dahin noch ›anständigen‹ Westen. Meine Tansu lebte schon immer gefährlich. Sie fuhr nachts auf dem Fahrrad durch Frankfurter Parkanlagen und fand es normal, daß Männer sie vom Rad holen wollten. Ich schlug am Telefon die Hände über dem Kopf zusammen, und der männliche Beschützerinstinkt brach aus mir hervor. Tansu genoß das, berichtete sie mir doch zunehmend von solch brenzligen Situationen.

Ich selbst nahm diese offensichtlich werdende Feindseligkeit gegenüber nicht christlich-abendländisch aussehenden Menschen nur aus dem Fernsehen wahr. Im keimfreien München gab es derartiges sowieso nicht. Tansu war im Gegensatz zu mir empört und zutiefst verletzt. Sie schien persönlich betroffen zu sein von diesen feigen Überfällen. Ihre Empörung war mir fremd, ja fast unheimlich, waren diese Ereignisse doch weit entfernt, und eine persönliche Gefährdung von ihr kam mir abwegig vor. Sie fühlte sich unverstanden in ihrer Entrüstung, ihren Gefühlen, und nicht von mir ernst genommen. Angst hatte sie wohl keine. Sie begann, sich politisch zu engagieren, nicht in der treu-deutschen Parteienlandschaft, sondern in der akademischen Vereinigung der Auslandstürken. Die Zielsetzung und politische Ausrichtung dieser Vereinigung war mir nie ganz klar. Etwas Geheimnisvolles, fast Subversives, umgab sie, von dem sich Nicht-Türken besser fernhielten.

Je mehr Tansu sich darin engagierte, desto fremder wurde unser Verhältnis. Das spürte ich zuerst in der Sexualität (oder hörte es damit auf, ohne daß ich es vorher bemerkte hatte?), wo sie mir immer abwesender und unbeteiligter schien. Zu meiner großen Überraschung machte sie mir in einem Frankfurter Restaurant einen Heiratsantrag. Ich war natürlich berührt, trotz meiner Ehe. Nur ihre Begründung schien mir absurd. Sie könne doch nicht mit mir zusammen in einer Wohnung leben. Die Familie würde das als unmoralisch ansehen und sie fallenlassen. Ich meinte, diese Argumente seit den sechziger Jahren nicht mehr gehört zu haben. Abgesehen davon, war ich von einer amtlichen Beglaubigung unseres Verhältnisses noch weit entfernt. Ich lebte schließlich mit meiner Gattin unter einem gemeinsamen Dach. Gerührt, ergriffen, geschmeichelt, verwirrt, entfremdet war in etwa die Skala, die ich mit Tansu erlebte.

Wir hatten einen liebenswerten und sehr diskreten postillion d'amour in unserer Firma, die mich eines Tages unvermittelt im Büro anrief und mir mitteilte, Tansu sei überfallen worden. Sie wüßte nichts Näheres, würde mich jedoch auf dem laufenden halten. Soweit sei jedenfalls alles in Ordnung mit ihr. Es dauerte einen Tag, ehe ich mit ihr sprechen konnte und erfuhr, daß sie von einer Gang Jugendlicher mitten in Frankfurt verfolgt und angepöbelt worden war. Die Burschen griffen sie sich und begannen Benzin über sie auszuschütten. Das anonyme Anzünden von Objekten reichte nicht mehr, lebendige, angsterfüllte Wesen mußten es jetzt sein. Glücklicherweise wurde dieser feige Anschlag – das Anzünden von Tansu – von beherzten Passanten vereitelt, was ja keineswegs selbstverständlich in Deutschland ist. Wenn man die eigene Ohnmacht derart erbarmungslos erfährt, greift man entweder zur Maschinenpistole oder schließt sich in sich selbst ein. Vielleicht um mit der Scham fertig zu werden.

Einige Tage nach diesem Vorfall verbrachten wir gemeinsam ein Wochenende im bayerischen Voralpenland. Ihre Persönlichkeit hatte sich radikal gewandelt. Sie war schweigsam und introvertiert. Erst im nachhinein sah ich, daß sie eigentlich nicht mehr da war. Als ich einmal mit ihr schlief, hatte ich das Gefühl, es mit einer Puppe, einem leblosen Wesen zu tun. Sie war ein anderes Wesen, für mich nicht mehr erreichbar. Damals war ich zu blöd, es zu wahrzunehmen.

Als ich mich am Münchner Hauptbahnhof von ihr verabschiedete, sah ich sie für mehrere Wochen nicht wieder. Der Kontakt war abgerissen. In der Firma meldete sie sich krank. Sie war für niemand mir Bekannten zu sprechen. Wie ich später erfuhr, hatte sie einen Freund. Einen Türken, in dessen Familie sie sich aufgehoben, verstanden, vielleicht auch beschützt fühlte.

Am Ende blieb Unverständnis und Sprachlosigkeit. Ich fühlte mich wie ein Teenager, dessen Beziehung in die Brüche gegangen war. Nicht, daß sie in die Brüche gegangen ist, sondern vielmehr die Sprachlosigkeit, die Weigerung, darüber zu reden, die Trennung gemeinsam zu vollziehen. Jahre später, sie hatte inzwischen die Firma gewechselt, saß ich ihr noch einmal gegenüber, einem fremden Menschen.

## Mariola Brillowska
### Keine Zeit

TRADITIONELL ZUR ERSTEN HEILIGEN Kommunion sollte mir mein Patenonkel eine Armbanduhr schenken. Statt dessen überreichte er mir einen weißen Briefumschlag mit 16 Scheinen. Ich war eine sehr gute Schülerin, und für das Geld sollte mir ein Schreibtisch gekauft werden. Mein Onkel versprach mir, die Uhr werde ich für die Aufnahme ins Gymnasium bekommen. Ich gab den Umschlag mit dem Geld meiner Großmutter zur Aufbewahrung. Die Kommunionsparty und meine erste im Leben ging los.

Nach zwei Stunden war der Wodka alle gewesen. Um neuen zu kaufen, wollte mein Vater zum Privathandel gehen, da wegen des Feiertags normale Spirituosengeschäfte geschlossen waren. Leider war sein ganzes Geld und auch das meiner Mutter, das sich die beiden von ihren Betriebskassen als Kredite geliehen hatten, für die Kommunion draufgegangen. Nun sollte ich meinem betrunkenen Vater einen Schein geben. Daraufhin schimpfte meine Großmutter, für das Geld sollte doch der Schreibtisch gekauft werden. Ich ahnte das alles schon vor der Party, daß man mir das Geld wegnehmen und ich nie im Leben einen Schreibtisch bekommen würde. Ich legte eine Banknote auf dem Tisch und ging erst mal aus der Wohnung. Die Freude über die erste eigene Party im Leben war vorbei. An der Hausmauer hatte ich eine Ecke, wo mich keiner sehen konnte.

Kurz darauf läuteten die Glocken für die Nachmittagsmesse der Erstkommunikanten. Ich ging in die Wohnung zurück und fragte meine Mutter, ob sie mich in die Kirche begleiten wolle. Meine Mutter war aber betrunken. Mein Vater kam für mich nicht in Frage, und meine Großmutter war wegen ihres gebückten Ganges ausgeschlossen. An so einem Tag präsentieren sich alle Mädchen und Jungs in ihren schicken Kommunionsklammotten wie auf einer Modenschau. Meiner Ansicht nach hätte ich mich mit der alten Dorffrau nicht zeigen können. Da man ohne die Begleitung einer erwachsenen Person so was wie eine Prinzessin ohne Hofdame war, beschloß ich doch, nicht zur Messe zu gehen, aber eine Tante bot sich an, mich bis zur Kirchentür zu bringen. Sie war sogar im Gegensatz zur übrigen Verwandtschaft ganz gut angezogen. Trotzdem wurden wir auf dem Weg dahin von niemandem gesehen, weil das ganze Theater zu Hause zu lange gedauert und die Messe längst angefangen hatte. Nachdem meine Tante gegangen war, betrat ich ganz leise die Kirche, wartete ein Weilchen, kam wieder raus. Auf dem anliegenden Friedhof schwänzte ich dann die Messe. In dieser Stunde beschloß ich, nie wieder in die Kirche zu gehen.

Meine Eltern, meine zwei jüngeren Geschwister und ich wohnten zur Untermiete in einem einzigen Zimmer, in dem sich ein großer Kachelofen, zwei aufklappbare Schlafsofas, ein dreitüriger Schrank und eine Stehlampe mit Zeitungsfach befanden. In der Mitte des Zimmers stand ein runder Eßtisch, den man zu einem Partyoval vergrößern konnte und zu dem vier Stühle gehörten. Alle Möbel, die aus Holz waren, kaufte mein Vater von seinem Lottogewinn, als ich noch klein war. Kurz nach meiner Ersten Kommunion kam noch ein Gitterbettchen für den neugeborenen Bruder dazu. Über den versprochenen Schreibtisch wurde nicht mehr geredet. Ich kam in die Pubertät und interessierte mich weniger für die Schule. In meine Klasse sind neue Schüler gekommen. Ich freundete mich mit ihnen an. Sie brachten mir das Zigarettenrauchen und das Schwänzen bei. Eines Tages, als ich am frühen Abend nach Hause kam, stand plötzlich im Wohnzimmer ein merkwürdiges, stilloses, aus rohem Preßspan Gebasteltes: ein Geschenk vom Vater. Es erinnerte an ein Bücherbord. Meine Mutter meinte, daß man den »Schrank« nicht nur als Ablage benutzen, sondern daß man darauf auch die Schulaufgaben machen könne. Bis zum Gymnasium hatte ich noch drei Jahre. Dafür konnte ich jetzt an meinem neuen »Schreibtisch« lernen.

Glücklicherweise bekamen meine Eltern bald eine anderthalb Zimmer große Wohnung im Hochhaus mit Bad, Küche, Balkon, Heizung und warmem Wasser. Auf die neue Wohnung nahm mein Vater in seinem Betrieb wieder einen Kredit auf. Für das Geld kaufte er einen wandfüllenden Schrank aus furniertem Preßspann, Segment genannt, eine neue Klappcouch, zwei gepolsterte Sessel und einen Beistelltisch. Das Wohnzimmer war möbliert. Für das Mädchenzimmer, das ich mir mit meiner Schwester zu teilten hatte, kaufte mein Vater von der einen sich gutkleidenden Tante, die auch eine Wohnung im Hochhaus bekam und deswegen ihre alte Einrichtung loswerden wollte, einen guterhaltenen Bettschrank. Im Gegensatz zu dem »Schreibtisch«, konnte man sogar an dem Bettschrank Schularbeiten machen. Er wackelte nicht.

Obwohl ich nicht mehr daran glaubte, bekam ich von meinem Patenonkel zum Ende des ersten Gymnasiumjahres eine Armbanduhr. Inzwischen hatte mir mein erster handwerklich sehr geschickter Freund einen Schreibtisch gebaut. Die Uhr nahm ich ziemlich verstört an. Ich legte keinen Wert mehr auf solche Gesten und vergaß des öfteren, die Uhr beim Baden abzulegen. Es dauerte nicht lange, und die Uhr hörte auf zu ticken. Ich gab sie meiner Mutter, damit sie sie reparieren ließ. Meine Mutter hatte aber kein Geld dafür. Sie hoffte auf das schlechte Gewissen meines Vaters wegen des Schreibtisches und legte die Uhr in der Küche auf die Fensterbank. Sie dachte, wenn mein Vater besoffen nach Hause kommt, wird er sentimental und übernimmt die Reparaturkosten. Tatsächlich war die Uhr ein Jahr später weg vom Fenster. Mein Vater gab an, sie in die Reparatur gebracht zu haben, doch ich wußte, daß er jetzt genauso wie einer seiner Cousins begonnen hatte, Sachen von zu Hause für Schnaps zu versetzen oder zu verkaufen. Die Uhr war mir egal, doch bin ich bald von zu Hause weggezogen.

Jahre später besuchte ich meine durch Gehirnschläge gelähmte Mutter, der meine rote, elektronische Armbanduhr gefiel. Ich schenkte meiner Mutter diese Uhr. Mein Vater ist dabeigewesen. Er ging plötzlich aus der Wohnung und kam ein paar Stunden später besoffen mit einem Geschenk für mich zurück. Er brachte mir eine Armbanduhr aus falschem Gold, die noch häßlicher war als die von meinem Patenonkel. Zwei Tage später war diese Uhr kaputt, und ich schmiß sie in den Müll.

Nachdem meine Mutter erkrankt war, ging mein Bruder nicht mehr zur Schule. Damit er nicht im Erziehungsheim landete, wurde ich zu seinem Vormund, bei dem er offiziell wohnte, was aber nicht stimmte. Eines Tages wurde ich telefonisch informiert, mein Bruder wäre aus irgendeiner Absteige von der Polizei mit Handschellen abgeholt worden, da ein Verfahren wegen Vergewaltigung gegen ihn liefe. Dank meiner Beziehung zu einem Staatsanwalt wurde mein Bruder nach drei Tagen aus der Untersuchungshaft entlassen. Um sich für meine Hilfe zu bedanken, schenkte mir mein Bruder eine Armbanduhr, ebenfalls aus falschem Gold. Sie war eine typische Kirmesware, doch behauptete mein Bruder, die Uhr hätte ihn ein Vermögen gekostet. Mein Bruder war sehr stolz auf sich, und ich fragte ihn nicht, woher er das Geld für die Uhr genommen hätte. Ich zog die Uhr niemals an, und sie verschwand mit der Zeit in meinem Hausrat.

Meine Schwester hatte nie eine Armbanduhr besessen. Als sie 17 Jahre alt war, wurde sie von einem zehn Jahre älteren, für eine oder zwei Vergewaltigungen vorbestraften Arschloch geschwängert und mit Messerdrohungen zum Standesamt geführt. Zehn Jahre später stürzte sie sich bei einem Freier vom dritten Stock aus dem Fenster. Mit ihm hatte sie für eine Flasche Wodka und etwas Geborgenheit die Silvesternacht verbringen wollen. Dem Selbstmord meiner Schwester war ein Streit mit ihrem Mann vorausgegangen, der zusammen mit seinem Bruder vergeblich versucht hatte, in die Wohnung des Freiers einzubrechen. Meine Schwester hatte wahrscheinlich Angst vor ihrem Mann, der ihr schon häufiger gedroht hatte, sie umzubringen. Sie sprang in den Tod, weil sie keinen Ausweg aus ihrer Situation sah. Gott sei Dank ist sie sofort tot gewesen. Die Staatsanwaltschaft vermutete auch einen anderen Verlauf der Vorgänge. Der Freier war in dem Moment, als meine Schwester starb, stockbesoffen. In seiner Wohnung waren Blutspuren meiner Schwester gefunden worden. Er behauptete, meine Schwester hätte sich schon vorher in der Badewanne umbringen wollen. Nach ihrem Begräbnis kaufte ich mir eine billige Made-in-Hongkong-Armbanduhr. Kurz darauf starb auch meine Mutter. Seitdem habe ich keine Zeit mehr, weder für meinen Bruder noch für meinen Vater.

# Emel Yildirin
## An solchen Tagen muß man Kopftuch tragen

*Jutta Winkelmann* im Gespräch mit der zwölfjährigen, in Deutschland geborenen Gymnasiastin und Schulsprecherin der Unterstufe.

ALSO MEINE ELTERN FÜHLEN SICH NICHT so heimisch hier, denke ich. Meine Mutter ist in einer Frauengruppe, die behinderten Kindern hilft und Geld sammelt, und Klamotten schenken sie den Kindern. Da sprechen sie alle türkisch, und meine Mutter kriegt viel Besuch, und da sprechen auch alle türkisch miteinander. Meine Mutter arbeitet als Apothekerin und hat auch viel mit dem Ausland zu tun, meist mit der Türkei, und da geht es ja auch um Türkisch. Mein Vater der ... der redet halt auch türkisch und persisch, arabisch und deutsch und englisch. Mein Vater arbeitet nicht mehr, der hat keine Lust. Vorher hat er bei der Bildzeitung gearbeitet, und dann wollten die umziehen und sind dabei irgendwie Pleite gegangen, und mein Vater hat so was mit der Bandscheibe, mit dem Rücken, so daß er keine schweren Sachen heben kann. Da hat der Chef gesagt, wir können dich nicht mehr gebrauchen, und dann haben sie ihn rausgeschmissen.

Mein Vater ist im Iran geboren, und dann ist er irgendwie nach Irak und hat halt Persisch, Arabisch gelernt, und in der Schule hat er Englisch gelernt, und dann ist er nach Deutschland gekommen und hat Deutsch gelernt, und durch meine Mutter hat er noch Türkisch gelernt, und jetzt will er Italienisch lernen.

Mein älterer Bruder Ali ist 19, und der hat jetzt eine deutsche Freundin. Der andere Bruder fühlt sich auch eher als Deutscher. Er ist 14. Der hat auch türkische Freunde, und die sind ein bißchen gestört. Wie die rumlaufen, da weiß man nicht, wo die herkommen, wie Affen. Mein Bruder versucht, ihnen alles nachzumachen. Wenn die ein Lied hören, das ihnen nicht gefällt, dann sagt mein Bruder: »Okay, das gefällt mir auch nicht!« Wenn ihnen eins gefällt, dann sagt er: »Okay, das gefällt mir auch!« Die haben eine Frisur, so nach hinten geklatscht – ich weiß nicht … das ist schrecklich. Dann macht er das nach, und das schaut widerlich aus. Mir gefällt, wenn man irgendwie natürlicher ist. Zum Beispiel die Schwester von einem Freund ist etwas heller im Gesicht, und dann macht sie sich braunes Make-up drauf, aber auf die Hände keins, und dann sieht man, daß sie heller ist, und alles um die Augen macht sie schwarz, ich mach es auch ein bißchen, aber nicht so arg wie sie. Alles schwarz, und den Mund macht sie auch dunkel. Das sieht nicht schön aus und irgendwie so riesig – und große Ohrringe. Wenn die klein sind, geht das ja gerade noch, aber so riesige und dann noch Gold.

Mein Bruder hat keinen Respekt vor meiner Mutter, aber das hat er von seinen Freunden. Die kommen nach Hause, wann sie wollen, und tun, was sie wollen, und denen ist alles egal, was die Eltern sagen, und mein Bruder macht das nach und bekommt halt Probleme mit meinen Eltern. Er versucht, denen alles recht zu machen. Die spinnen wirklich manchmal. Ich hab mal gesehen, wie sie einen Computer angemacht haben und gleich ein Bild von Hitler und Hakenkreuz erschien. Das habe ich meinem großen Bruder gesagt, denn ihm gehört dieser Computer. Als der dann meinen 14jährigen Bruder gefragt hat, was das soll, hat der geantwortet, daß es seine Freunde gewesen seien. Dann hat mein großer Bruder sie geholt und sie angeschrien, daß sie einfach an seinen Computer gegangen wären, ein Hakenkreuz gemalt und Heil Ali geschrieben hätten. Der hat sich so aufgeregt, denn er haßt Hitler. Die sagen zwar auch: »Hitler ist Scheiße!«, aber dann machen sie so etwas auf dem Computer. Das haben sie sogar in der Schule auf eine Bank gemalt und tun dann so, als ob sie die größten wären, und sagen: »Hitler ist Scheiße!« Wenn sie aber jemand begegnen, der was anderes über Hitler sagt, dann sagen sie: »Was hast du gesagt?« und gehen mit einem Messer auf ihn los, und: »Sag das noch einmal, und ich schlage dich zusammen«, und dann machen sie so was am Computer. Ich mein, die sind nicht ganz richtig im Kopf.

Also, die türkischen Jungen, die hier leben, machen einen schon an, aber in der Türkei habe ich das noch nicht erlebt. Ich möchte schon eher einen deutschen Freund. Es gibt schon türkische Jungen, die nett sind, aber eben auch welche, die so machomäßig sind und sagen: »Ja, ich bin der Tollste!« und so ... schrecklich!

Wenn ich bei meiner Oma bin, sagt meine Mutter: »Du weißt doch, was heute für ein Tag ist«, und dann weiß ich schon, was sie von mir verlangt. An solchen Tagen muß man Kopftuch tragen, was ich sonst nicht tue, wenn ich rausgehe. Das verlangt meine Mutter auch nicht von mir. Dann beten wir halt. In der Grundschule war ich im Islamunterricht. Da haben wir immer solche Blätter gekriegt, auf denen nur Gebete draufstehen, und die mußte man dann abschreiben und auswendig lernen. Meine Mutter sagt, daß man innerlich ein Gebet zweimal sagen muß, und das nächste Gebet zweimal und das nächste und immer so weiter, eine bestimmte Zeitlang. Und das macht man halt. Meine Mutter trägt kein Kopftuch, und meine Freunde sagen, meine Mutter wäre für türkische Frauen total modern. Manche haben ja auch Teppiche an den Wänden. Wir nicht. Meine Mutter hat auch deutsche Freunde, mit denen sie über Sachen spricht, die modern sind. Ich habe Freundinnen, deren Mütter Kopftücher tragen und bei denen in den Wohnungen Teppiche an den Wänden hängen, und die sagen immer, ich müsse Kopftuch tragen. Aber meine Mutter ist da nicht so. In der Grundschule war ein Mädchen, die wollte ein Kopftuch tragen, nicht mal von den Eltern aus. Ich hab gedacht, ja okay, wenn es ihr gefällt, man zwingt sie nicht, dann ist es in Ordnung.

Wir fliegen in den Sommerferien nach Istanbul. Dort leben mein Opa, mein Onkel und mein Cousin, oder wir fahren mit dem Auto von München in die Türkei, wie in den letzten Sommerferien. Mein älterer Bruder kommt nicht mehr mit. Der war im letzten Jahr in Marokko. Der 14jährige fühlt sich schon mehr in der Türkei zu Hause. Er kann besser Türkisch als ich und findet auch leichter Freunde. Er sagt: »Siehst du, du findest keine Freunde, weil du kein Türkisch kannst«, und ich sitze zu Hause, und er schaut mich so komisch an, und dann flipp ich halt aus. Letztes Jahr habe ich eine Freundin gefunden, aber wir verstehen uns schlecht, weil ich nicht gut Türkisch kann, und sie erklärt es mir dann, bis sie wieder nach Hause muß. Es ist schon schwer, jemanden kennenzulernen.

Als ich mit der Schule im Skilager war, hat ein Junge bei meinen Eltern angerufen, der seinen Namen nicht nennen wollte, und als ich wieder nach Hause kam, hat mein Vater mich ganz komisch angeguckt, als ob ich jemanden umgebracht hätte. Ich darf auch nicht mit einem Jungen ins Kino gehen, auch nicht, wenn andere dabei sind. Er mag das nicht. Er denkt, was weiß ich, ich würde sonstwas machen, wenn ich ins Kino gehe. Mein Vater hat irgendwie Angst. Das braucht er gar nicht. Meine Mutter sagt: »Als ich so jung war wie du, durfte ich das auch nicht!« Aber das sind ja schließlich nicht dieselben Zeiten, da war die Welt ganz anders. Meine Mutter mußte sofort nach der Schule nach Hause kommen. Es durfte niemand bei ihr und sie nicht woanders übernachten. Als ich noch kleiner war, hatte mein Vater nichts dagegen, aber jetzt hat er es gestoppt.

Wir haben an der Schule 880 Schüler, davon sind viele Ausländer, und wenn jetzt alle Ausländer weggehen würden, dann wäre die Schule bald leer. Man kann nicht gegen jeden Ausländer was haben und sagen: »Du mußt weg, und du mußt weg«. Das geht einfach nicht. Seit drei Jahren habe ich einen deutschen Paß und meine Brüder auch. Meine Mutter wollte die deutsche Staatsangehörigkeit am Anfang nicht, und dann hat mein Vater gesagt: »Wenn du es nicht machst, dann müßte mein ältester Bruder im Irak zum Militär gehen, und er kann ja kein Persisch«, und das wäre total schlimm gewesen. Sie hat dann zugestimmt. Ich denke nicht, daß er jetzt zur Bundeswehr muß, aber ich kriege ja auch nicht viel mit, was meine Brüder machen. Mir ist es auch eigentlich egal. Der 19jährige ist jetzt ausgezogen, zu seiner Freundin. Und der andere versucht, so oft wie möglich rauszukommen. Das versuche ich auch, weil ich nicht die ganze Zeit zu Hause rumhängen will.

Gestern hat mich einer aus der sechsten Klasse angerufen und hat gesagt, daß seine Mutter am Montag nicht da ist, und daß er an dem Tag eine Party macht. Der ist bei mir in Ethik. Und mein Vater hat gefragt, wer dieser Florian ist.

»Der ist bei mir in Ethik und wollte wissen, ob wir am Dienstag Schule haben, weil wir da Ethik haben und so«, habe ich geantwortet.

»Warum hast du dann die Tür von deinem Zimmer zugemacht?«

»Ja, weil ich etwas nachgucken mußte.«

Wenn es nach meinem Vater ginge, würde er mich auf ein Internat schicken oder auf ein Mädchengymnasium.

Gestern ist die Mutter einer Mitschülerin zu meiner Mutter gekommen und hat gesagt: »Gott sei Dank ist meine Tochter nicht so wie Ihre bei den Jungs!« Meine Mutter hat das natürlich falsch verstanden. Dann ist mein Vater gekommen, ganz sauer. Ich hab gedacht, man hätte ihn beraubt, und dann hat er gefragt, was da los gewesen sei.

»Die gehen in meine Klasse, ich habe nichts mit denen. Ich will auch nichts mit denen haben, weil es doch nur gute Freunde sind.«

Wenn mein Bruder eine Freundin mit nach Hause bringt und ich in sein Zimmer gehen will, dann sagen sie: »Laß ihn mal in Ruhe, der hat jetzt gerade ein Mädchen da!« Aber wenn für mich jemand anruft, heißt es: »Nein, sie ist nicht da!« Und wenn es mit der Schule zusammenhängt, heißt es: »Faß dich aber kurz!« Was ist daran so schlimm, daß ich mit einem Jungen am Telefon rede? Da kann doch nichts passieren! Meine Mutter versteht das, aber mein Vater rastet wirklich aus. Und meine Mutter schafft es nicht, mit ihm zu reden. Er sagt dann: »Nein, das kann ich nicht akzeptieren, das ist für ihr Bestes!«. Geht nicht, man kann nicht mit ihm reden.

Mein Bruder hat heimlich mein Tagebuch gelesen. Das finde ich eine Schweinerei. Und dann lachen sie sich immer einen ab, wenn sie mich sehen: »Ja, ich weiß, was in deinem Tagebuch drinsteht.«

Da war ich so sauer, daß ich in dem Chemiekasten meines Bruders Schwefel und so zusammengemixt und auf seine Pullis und Hosen verteilt habe. Das gab Flecken, die nicht mehr rausgehen.

Er ist dann zu meiner Mutter gerannt. Erst habe ich es nicht zugegeben, später aber alles erzählt, und sie hat gesagt: »Das hast du gut gemacht!«

Ich habe vor, Rechtsanwältin zu werden. Aber ich weiß nicht, ob das klappt. Meine Mutter hat gemeint, das sei sehr schwer. Ich weiß nicht, ob ich das schaffe. Oder Ärztin oder so. Ich gehe eigentlich nicht gerne in die Schule. Ich habe keine Lust zum Lernen. Meine Mutter kann mich nicht kontrollieren, denn sie kommt erst abends um sieben von der Arbeit. Dann sitze ich am Tisch und schreibe irgendwas. Mein Vater sagt: »Sie macht Hausaufgaben, braves Kindchen!« Und dann fragt meine Mutter: »Hast du gelernt?« und ich: »Ja klar!«, und dann hat sie mein Zeugnis gesehen und gesagt: »Das sieht aber nicht aus, als ob du sehr viel gelernt hättest!« Und der Vater sagt: »Das ist doch ein reines Lernfach. Jetzt mußt du dich aber mal anstrengen, sonst schaffst du dieses Jahr nicht!« und bla, bla, bla. Aber ein Lehrer in Erdkunde hat mir extra eine Fünf gegeben, obwohl ich auf einer Vier stand in seinem Fach. Das darf er eigentlich nicht. Vielleicht redet meine Mutter mit ihm.

Ich lese viel. Ich glaube, mein 14jähriger Bruder kann gar nicht lesen. So, wie der aussieht, na ja ... Er kann nicht gescheit schreiben. Er ist in der achten Klasse, und ich meine, es ist mir egal, wie er schreibt, aber manchmal muß er mir in Mathe helfen. Sport ist mein Lieblingsfach.

Ich möchte einmal in der Woche meine Ruhe haben. Ohne, daß mein Vater sagt: »Aber du hast noch nicht aufgeräumt!« oder: »Du hast deine Hausaufgaben noch nicht gemacht!« Einmal meine Ruhe haben – vielleicht samstags. Da geht mein Vater Karten spielen, und mein Bruder ist auch weg. Dann bin ich mit meiner Katze alleine und spiele mit ihr, bis sie einschläft. Dann schaue ich fern und lese. Ich habe ein kleines Zimmer für mich allein. Ich sollte ein größeres kriegen in der Wohnung nebenan. Aber der Hausmeister hat uns die Wohnung nicht geben, weil er uns nicht mag, weil wir Ausländer sind. Darum mußten wir in einem großen Zimmer eine Wand einziehen, und so habe ich nur ein kleines Zimmer. Jetzt sind Studenten nebenan, die fast jeden Abend Party machen, und das stört schon ein bißchen.

Mein Bruder hat mich irgendwann mal nicht in Ruhe gelassen, als ich mir gerade ein Brot geschmiert habe. Da habe ich gesagt: »Laß mich jetzt endlich in Ruhe!« und mein Brotmesser hochgehalten. Dann hat er ein riesiges Fleischmesser geholt und gesagt: »Das ist ein Messer!« und ist damit auf mich losgegangen. In dem Moment kommt mein Vater rein und sagt: »Was macht ihr da?« und zu mir: »Provozier ihn nicht immer!«, und ich kriege den Ärger, obwohl er das Messer gehalten hat.

Manchmal denke ich dann, daß mein Vater auch ein bißchen spinnt, weil er immer zu meinen Brüdern hält.

Meine Mutti ist fast den ganzen Tag nicht da, und wenn ich eine Schwester hätte, dann wäre es schon besser.

Emmel ist ja auch der doofste Name, den es gibt.

Emmel, Semmel, Buttersemmel.

# Willi Bock
# Der Fall Mehmet

## Vorspiel auf dem Flughafen

Der Lufthansaflug 3532 Abflug 11.20 Uhr von München nach Istanbul ist normalerweise einer der alltäglichen langweiligen Linienflüge. Doch an diesem regenverhangenen Samstag, dem 14. November 1998, schubst sich eine hektische Schar von Fotografen, Kameraleuten und Reportern in den Flieger auf dem Franz-Josef-Strauß-Airport. Ein Junge in knallgelber Windjacke verkrümelt sich in eine Ecke und schaut mit großen erstaunten Augen auf das Treiben und Blitzen und Klicken. Ein Mann entrollt vor laufenden Kameras ein kleines, handgeschriebenes Transparent »Hier wird ein Mensch deportiert«, und er redet davon, daß er etwas »gegen zweierlei Recht für Deutsche und Nichtdeutsche« habe. Neben dem Jungen sitzen zwei Männer: Bundesgrenzschutz in Zivil. Sie haben den gerade erst 14jährigen aus dem Münchner Gefängnis abgeholt und bringen ihn jetzt in die Türkei, zur Abschiebung.

62 Straftaten hat der Junge auf dem Kerbholz. Er sieht viel älter aus, ist sehr groß und kräftig. Er ist ein Outlaw, Schläger, Prügelknabe und mit seinen gerade erst 14 Jahren berühmter als der Münchner Oberbürgermeister und weit über seine Heimatstadt München hinaus so bekannt wie ein Popstar. Denn von ihm reden alle, ihn kennen alle, überall: die Stammtische und Schulklassen, Politiker, Polizisten und Juristen.

## Sein Name ist Synonym geworden: »Mehmet« aus München.

Dieser Mehmet ist in der Geschichte der Bundesrepublik das erste ausländische Kind, das ohne seine Eltern aus Deutschland ausgewiesen wird: In das für ihn fremde Land Türkei, dessen Paß er hat, aber das nicht seine Heimat ist. Und es ist eine höchst tragische Geschichte von vielfachem Scheitern: der Eltern, Lehrer, Sozialpädagogen, der Politiker zur Rechten und zur Linken und der Sozialromantiker. Ein halbes Jahr stritt München darüber, wie eine Stadtgesellschaft mit einem kriminellen Jugendlichen umgehen muß. Mehmet war kein Musterschüler, nicht Mamas Liebling, er war der Primus unter Münchens kriminellen Jugendlichen. Seine Faustschläge trafen alle Integrationsbemühungen zwischen Deutschen und Ausländern so hart, daß sich die am Ende hilflosen und ohnmächtigen Erwachsenen kein anderes Mittel mehr wußten, als diesen Halbwüchsigen auszuweisen. Dieses Kind Mehmet war für politische Rechtsaußen genau jener kriminelle Bilderbuchausländer, den sie gerne an die Wand malen, um die linken Ideale der multikulturellen Gesellschaft in Frage zu stellen.

Mehmet wurde zum juristischen Präzedenzfall: Ob ein straffälliger ausländischer Jugendlicher auch ohne seine Eltern abgeschoben werden darf.

Mehmets Anwalt und Teile der Linken argumentierten: Ein in Deutschland geborener und aufgewachsener ausländischer Jugendlicher genieße einen besonderen Schutz gegen Ausweisung. Er müsse deshalb in Deutschland zur Verantwortung gezogen werden: München könne das Problem nicht in ein Land exportieren, in dem niemand Schuld an Mehmets kriminellem Werdegang hat. Die Gegenseite meinte: Es zähle nur die Staatsangehörigkeit, die in seinem Paß steht.

Der Riß ging durch alle Parteien. So spaltete der Fall Mehmet die Gesellschaft.

18 Plätze hatte das Bayerische Innenministerium in dem Flieger reserviert, um den »Abschübling« abzuschirmen. Zwei Stunden dauerte der Flug von München nach Istanbul, ein Flug zwi-

schen zwei Welten. Nachher sagte Mehmet, »mein Heimatland ist Deutschland«, und er wäre »lieber in Deutschland im Gefängnis« als frei in der Türkei. Das hätte er vorher wissen können, denn er und seine Eltern waren gewarnt. Doch da hatte Mehmet alle Mahnungen in den Wind geschlagen.

## Familie und Kriminalitätsstatistik

Mehmet wurde am 18. Juni 1984 in München als Sohn türkischer Eltern im Münchner Satellitenstadtteil Neuperlach geboren. Richtig heißt er Muhlis Ari, aus Datenschutzgründen wurde er anfangs von den Behörden öffentlich »Mehmet« genannt. Er hat noch zwei ältere Brüder. Die Familie lebt in einer Sozialwohnung, beide Eltern arbeiten, beide lebten bei der Ausweisung ihres Jüngsten fast 30 Jahre in München, beide sprechen kaum deutsch und haben nach Auskunft der Münchner Ausländerbehörde kein Verständnis für die Kultur des Gastlandes. Dagegen hat Mehmet die Türkei nur als Feriengast erlebt, und er sprach besser Deutsch als die Sprache seiner Eltern. München nannte er seine »Heimatstadt«, aber Deutschland war den Gesetzen nach nur sein Gastland, in dem er sein Gastrecht schon sehr früh mißbrauchte.

»Mehmet ist ein Extremfall«, kommentierte der damalige Münchner Kreisverwaltungsreferent Hans-Peter Uhl (CSU) kühl den Ausweisungsbescheid. »Er gefährdet durch seine extreme Gewaltbereitschaft seine Mitschüler, inzwischen aber auch Erwachsene. Mehmet ist ein derartig kriminelles Kind, daß es besonderer behördlicher Maßnahmen bedarf. Bei ihm haben aber selbst die aufwendigsten pädagogischen Maßnahmen nichts gefruchtet. Seine Integration ist gescheitert.« Und Uhl verfügte, daß Mehmet und seine Eltern zum 21. Juli 1998 ausgewiesen werden.

Bereits mit neun Jahren wurde Mehmet zum ersten Mal ein »Fall«: Schon da fiel er wegen seiner Aggressivität auf und wurde an eine andere Schule verwiesen.
    Mit zehn Jahren trat er einem Jungen mit dem Knie die Nase blutig, stahl in der Schule und erpreßte Geld von Mit-

schülern, indem er ihnen Schläge androhte. Dafür bekam er einen verschärften Verweis, wurde sechs Tage von der Schule ausgeschlossen, und weil es nichts nützte, flog er auch von dieser Schule. Die Eltern unternahmen nichts und beschimpften nur die Schule. Eine Schulpsychologin wurde eingeschaltet, und es setzte mehrere Bußgeldbescheide gegen die Eltern, weil sie die Schulpflicht ihres Sohnes verletzten: Mehmet hatte mehrfach geschwänzt, und sie schrieben ihm falsche Entschuldigungen.

Mit elf Jahren der erste Einbruch, dann brach er Mitschülern das Nasenbein und sagte in einem Fall bei der Polizei aus: »Er habe ihn nur aus Spaß mißhandelt«. Ab dem Sommer 1995 bekamen die Eltern »Erziehungsbeistandschaft«, Mehmet wird das erste Mal vom Jugendamt in ein Heim gegeben. Doch da haut er immer wieder ab – nach Hause. Mit zwölf Jahren gibt Mehmet bei der Polizei an, in den vergangenen sieben Monaten mit seinen Freunden 70 bis 80 Ladendiebstähle begangen zu haben. Mit 13 Jahren fragten ihn die Polizisten, ob er wisse, wie schwer er seine Opfer verletze: »Ja, wenn ich sie schon schlage, dann gescheit.« Im gleichen Jahr wurde Mehmet wegen der Gefährdung seiner Mitschüler auf Dauer von der Schule ausgeschlossen. Statt dessen bekam er auf Kosten der Stadt bei einem Privatlehrer zwölf Stunden pro Woche Einzelunterricht. Schon vorher war der Serientäter wegen seiner Brutalität aus dem Fußballverein geflogen.

Jetzt wurde es ernst. Das Ausländeramt zitierte die Eltern zu sich: Wenn wenigstens einer von ihnen mit Mehmet zurück in die Türkei ginge, dann würde nichts passieren. Ansonsten würden die Eltern mit ihrem Sohn ausgewiesen. Sie lehnten ab. Die Mutter wollte weiter putzen gehen und der Vater die wenigen Jahre bis zum Ruhestand durcharbeiten. Erst dann wollten sie in ihr neugebautes Haus in die Türkei ziehen, das damals schon fertig war. Dann wurde Mehmets Aufenthaltserlaubnis nur für ein Jahr verlängert, bis er 14 Jahre alt wurde. Ein Schuß vor den Bug. Doch die Straftaten gingen weiter. Mit 13 Jahren hielt Mehmet den traurigen Rekord unter Münchens Kindern: 61 Straftaten. 61mal Raub, Diebstahl, Einbruchdiebstahl, Erpressung und Körperverletzung. Mehmet hantierte mit Schlagringen und Butterflymessern, er bedrohte Lehrer, verprügelte Kinder und Erwachsene.

Dann lief die Ausweisungsmaschinerie an. Zum 21. Juli 1998 sollten Mehmet und seine Eltern Deutschland verlassen. Mehmet wegen seiner Straftaten und die Eltern, weil sie sich bei der Erziehung mitschuldig gemacht hätten.

Der Aufschrei war groß und ebenso der Applaus. Noch nie war in der Bundesrepublik ein ausländisches Kind ausgewiesen worden, und noch nie sollten Eltern wegen ihres kriminellen Sprößlings das Land verlassen. Mehmets Ausweisung machte bundesweit Schlagzeilen. Sogar aus dem Ausland kamen Anrufe im Münchner Rathaus an. Schon bald berichteten in München die Streetworker an den Sozialreferenten: In den ausländischen Familien werde geprügelt wie noch nie, wenn ein Kind etwas ausgefressen habe. Die Angst vor der Ausweisung per Sippenhaft ging um.

Allerdings war Mehmet erst 13 Jahre alt und damit noch nicht strafmündig. Doch das mußte dem damaligen Vorgesetzten des Ausländeramtes, Hans-Peter Uhl (CSU), egal sein, als er Ende April 1998, ohne seinen Oberbürgermeister und den Stadtrat zu informieren, die spektakuläre Ausweisung anordnete. Uhl wußte: Zum 1. Juli mußte er den Chefsessel räumen, denn er war als Kreisverwaltungsreferent (in anderen Bundesländern heißt das Dezernent oder Beigeordneter) von der rotgrünen Münchner Stadtregierung abgewählt worden. Hauptgrund: Seine rigide Ausländerpolitik. Die Bürgermeisterin Sabine Csampai (Grüne) hatte ihm früher »administrativen Rassismus« vorgeworfen. Deswegen mußte Uhl handeln, obwohl Mehmet erst am 18. Juni 14 Jahre alt und erst damit strafmündig wurde. Denn der Law-and-Order-Mann hatte ein Ziel: Mit dem Fall Mehmet bestritt er anschließend medienwirksam und erfolgreich seinen Bundestagswahlkampf.

Die offizielle Stadt München sprach deshalb auch lange Zeit nicht mit einer Zunge: der zuständige Kreisverwaltungsreferent (aus der CSU) gegen den Oberbürgermeister und dessen rotgrüne Stadtregierung.

Der Fall Mehmet geriet damit in die politische Zwickmühle, riß mitten in den bürgerlichen Parteien Gräben auf und spitzte sich extrem zu: Obendrein machten die bevorstehenden Wahlen zum Bayerischen Landtag, Bundestag und für den Oberbürgermeister (er wird in Bayern direkt von den Bürgern gewählt) die Standpunkte noch unversöhnlicher. Der amtierender Münchner Oberbürgermeister Christian Ude (SPD) sah sich durch Uhls aggressive Mehmet-Kampagne mit dem Rücken an der Wand. Auf der einen Seite waren Grüne, die Linke in der SPD und »Gutmenschen« (Ude), auf der anderen Seite konservative Kreise aus rechter SPD, CSU, bayerischer Staatsregierung und Bürgern, die den »Bengel« Mehmet einfach loswerden wollten. Die verbalen Giftpfeile flogen hin und her. So war in München monatelang überhaupt keine vernünftige Debatte über Integration und Ausländerpolitik mehr möglich. Mehmet wurde als Drohkulisse für und gegen Ausländerintegration aufgebaut: von der Linken wie von der Rechten.

Solange er noch 13 Jahre alt war, hatte Mehmet in München schonungslos herumgeschlägert. Er wußte ganz genau, daß er noch nicht strafmündig war. »Wenn ich 14 bin, kriegt ihr mich nicht mehr«, hatte er vor Polizisten geprahlt. Doch dann war er keine 14 Tage 14 Jahre alt, da schlug er wieder brutal zu: Seine 62. Straftat, und die erste, für die er jetzt als Jugendlicher juristisch zur Rechenschaft gezogen werden konnte. Am 3. Juli 1998 verprügelte er zusammen mit drei deutschen Jugendlichen einen 19jährigen Deutschen. Mehmet trat ihn und drosch mit einer Dachlatte solange auf ihn ein, bis der junge Mann bewußtlos zusammenbrach. Und wofür? Für 90 Mark und einen Walkman. Mehmet stellte sich der Polizei und kam sofort wegen »schweren Raubes« in U-Haft. Er kam erst aus der Zelle raus, als er am 14. November 1998 abgeschoben wurde.

### Das Monster

Mehmet war gewarnt gewesen, aber er hatte nicht geglaubt, daß sie ein Kind wirklich abschieben würden. Ihm wurde gedroht, aber er hatte alle ausgelacht.
    Der Schock saß tief, als er tatsächlich ins Flugzeug in die Türkei gesteckt wurde. Nur wenige Wochen nach seiner Abschiebung durfte Mehmet in einem Istanbuler Fernsehstudio den Zuschauern in Deutschland erzählen, wie er sich jetzt fühlt.

»Die behandeln mich nicht wie ein Kind, die behandeln mich wie ein Monster«, beklagte er sich über die deutsche Justiz und die deutschen Politiker – und fragte nicht nach seinen Opfern. Er habe auch stets nur ältere Jugendliche verprügelt, verteidigte er seine brutalen Schläge, und »nie ohne Grund«. Inzwischen finde er es selbst »lächerlich«, was er gemacht habe: »Was hat es mir gebracht? Gar nichts hat es mir gebracht.« Und seine 62 Straftaten konnte er sich auch nicht erklären: »Ich bin so aufgewachsen. Ich weiß selbst nicht, warum ich das gemacht habe.«

## So aufgewachsen?

Die Eltern waren mit seiner Erziehung überfordert, und einmal hatte Mehmet auch gestanden, er habe seine Mutter bis »zum Wahnsinn getrieben«. Mehmets schädliche Neigungen nannte der Strafrichter »erhebliche Erziehungsdefizite«. Für ihn waren die Eltern mitschuldig. Aber dafür gibt es keine Strafe, nur für Straftaten.

Die Psychologen und Sozialarbeiter sagten ganz trocken, Mehmet sei »gewalterfahren« gewesen. Das heißt im Klartext: Die Prügel, die er austeilte, hatte Mehmet genauso schmerzhaft am eigenen Leibe erfahren. Sein ältester Bruder und der Vater haben ihn von klein auf mehrfach aufs schwerste schwarz und blau geschlagen. Wenn sich die beiden Heißsporne stritten, reagierten sie ihre Wut an dem Kleinen ab. »Wenn er davon erzählte, dann hat er immer geweint«, erzählte Mehmets Freundin Jasmin (16). Dann ließ Mehmet seinen Zorn und Frust an anderen ab. Jasmin: »Das passierte immer, wenn er daheim unter Strom stand.«
    Nachdem der Münchner Oberbürgermeister Christian Ude erschüttert die dicke Akte des 14jährigen gelesen hatte, »weigerte« er sich fortan, von »unbescholtenen Eltern« zu reden.

Der Münchner Kinder- und Jugendpsychologe Franz Joseph Freisleder (Heckscher Klinik) diagnostizierte damals:
    »Mehmet ist ein ganz extremer Einzelfall, wie wir ihn nur ganz selten erleben. Wenn jemand über so viele Jahre eine sol-

che Vorgeschichte hat, ist eine positive Sozialprognose schon ein bißchen utopisch. Wenn man ihm hätte helfen wollen, hätte die Behörde sehr viel früher und konsequenter vorgehen und ihm frühzeitig Grenzen setzen müssen. Wesentlich früher hätte das Jugendamt intervenieren und etwa den Eltern das Sorgerecht einschränken müssen. Es ist davon auszugehen, daß diese Entwicklung noch ganz andere Ausmaße annimmt, und ich befürchte, daß es noch schlimmer weitergeht. Ich wüßte für ihn im Moment keinen angemesseneren Platz als die Jugendvollzugsanstalt. Mit der U-Haft wird ihm zum ersten Mal im Leben ein eng strukturierter Rahmen gegeben.«

Als er dann allein abgeschoben wurde, da mußte Mehmet zeigen, ob ein 14jähriger ohne Psychiater, Sozialarbeiter und Spezialschulen sein Leben noch einmal umdrehen kann. Da stand Mehmet erst am Anfang seines Lebens. War sein Leben mit 14 Jahren schon verpfuscht?

### Die Mädels

»Ich traue ihm sogar einen Mord zu«, behauptete der Münchner Ordnungschef Hans-Peter Uhl (CSU), als er öffentlich im April 1998 Mehmets Ausweisung bekanntgab. Mehmets zwei Jahre ältere Freundin Jasmin ist darüber erschreckt. »Mehmet ist sympathisch, nie langweilig, hilfsbereit«, und er bringe einen stets zum Lachen. Nein, als sie ihn auf seinem Abschiebeflug begleiten darf, hält sie ihm zärtlich die Hand, als es die Grenzschützer erlauben, schreibt ihm ein Liebesgedicht und liest es den geschäftig mitschreibenden Reportern vor. Die Mädels finden ihn nett, er ist »cool« und ein Mädchentyp. Schließlich verprügelt er auch nur Jungs und Erwachsene. Seine Spezialität: Mit dem Knie mitten ins Gesicht. Sieben Monate waren die bildhübsche Jasmin (16) und Mehmet (14) zusammen. Sie nannte ihn »Mogli« – wie den braven Buben aus dem »Dschungelbuch«. Auch ihre Mutter findet, Mehmet sei ein »sympathischer Kerl«. Eine Woche durfte die Schülerin nach der Ausweisung bei ihrem Mogli in Istanbul bleiben. Presseleute hatten ihnen eine Woche in einem Nobelhotel spendiert. Dann mußte sie nach Hause. Die Abschiebung fand Jasmin »grausam«.

## Die Prozesse

Bis es zur Abschiebung kommen konnte, hatten sich ein halbes Jahr lang ein halbes Dutzend Gerichte mit Mehmet beschäftigt. Er und seine Eltern führten fünf Klagen und Prozesse.

Am leichtesten war der Strafprozeß (1): Für seine 62. Straftat bekam Mehmet wegen gefährlicher Körperverletzung, schweren Raubes und Diebstahl ein Jahr Gefängnis ohne Bewährung. Die drei Monate U-Haft wurden ihm nicht angerechnet. Für die 61 vorhergehenden Taten konnte er nicht belangt werden, weil er dabei jünger als 14 Jahre und somit nicht strafmündig war. Sonst hätte Mehmet, so der Richter, »zwei bis drei Jahre« bekommen.

Dann klagte Mehmet gegen seine Ausweisung (2), da er als 13jähriger – und damit strafunmündig – Deutschland wegen seiner 61 Straftaten verlassen sollte.
Er konnte deshalb auch nie verurteilt oder ausgewiesen werden. Die Verwaltungsrichter hoben diese Ausweisung auf.

Ursprünglich sollten auch Mehmets Eltern das Land verlassen: Kreisverwaltungsreferent Uhl hatte ihnen vorgeworfen, durch eine Verletzung der Fürsorge- und Erziehungspflicht für die Straftaten ihres Sohnes mitverantwortlich zu sein. Die Staatsanwaltschaft hat daraufhin ein Ermittlungsverfahren gegen die Eltern eingeleitet, um zu klären, ob sie sich strafbar gemacht haben. Das konnte ihnen aber nicht nachgewiesen werden, und das Ermittlungsverfahren wurde eingestellt (Klagen 3 und 4). Deswegen wurde der Ausweisungsbescheid gegen die Eltern aufgehoben.
Der ausländerpolitische Hardliner Uhl hatte vor Gericht verloren.

Aber Mehmet mußte Deutschland trotzdem verlassen. Seine Aufenthaltsgenehmigung wurde ihm diesmal vom SPD-Oberbürgermeister und seinem neuen Kreisverwaltungsreferenten nicht verlängert. Sie hatten dabei außer den Grünen den gesamten Münchner Stadtrat hinter sich. Nach den monatelangen heftigen politischen Turbulenzen wollten sie Mehmet einfach loswerden.« »Ich befürworte die Ausweisung des jugendlichen Serientäters, weil alle Versuche der Erziehung und Besserung bis hin zur intensiven Einzelbetreuung offenkundig versagt haben und eine positive Sozialprognose nicht gestellt werden kann«, begründete der Oberbürgermeister seine Entscheidung. Sein Sozialreferent Friedrich Graffe und die SPD-Linke fand diese Entscheidung »grausam« und »unmenschlich«, weil Mehmet mit 14 Jahren ohne Eltern in ein Land abgeschoben wurde, das ihm völlig fremd war.

In München hatte Mehmet zeitweise eine »Intensive sozialpädagogische Einzelbetreuung« mit eigenem Lehrer genossen: Das kostete die Stadt 280 Mark pro Tag. Der Tagessatz in einem geschlossenen Heim liegt bei 440 Mark. Zu dieser Zeit wurden 95 andere Münchner Jugendliche (davon 23 Ausländer) in dieser Form betreut. Die Stadt München gab 1997 dafür 5,5 Millionen Mark aus. Die Rückfallquote beträgt 40 Prozent. Im Strafvollzug sind es 80 bis 90 Prozent.

Damit wurde Mehmet zum Präzedenzfall: Darf einem straffälligen ausländischen Jugendlichen die Aufenthaltserlaubnis verweigert und er auch ohne seine Eltern abgeschoben werden?

Die Verwaltungsrichter urteilten im Eilverfahren (5): Ja. Als auch das Bundesverfassungsgericht eine Einstweilige Verfügung gegen die Abschiebung ablehnte, wurde Mehmet sofort am nächsten Tag in die Türkei geflogen. Mehmet durfte ohne seine Eltern abgeschoben werden.

Dennoch hatte das Verfassungsgericht Bedenken gegen die Abschiebung: Da Mehmet in Haft war, habe kein »besonderes öffentliches Interesse« an seiner Abschiebung bestanden.

## Die Folgen

Als Mehmet an jenem 14. November 1998 in seiner gelben Windjacke im verregneten Istanbul aus dem Flugzeug stieg, da war niemand da. Die Eltern waren nicht mitgeflogen, nur seine Freundin. Am Flughafen holten ihn auch keine Verwandten aus dem Dorf, Büyükyoncale ab. Ein Onkel aus dem 1000-Seelen-Dorf 120 Kilometer nordwestlich von Istanbul, hatte vorher einem deutschen Fernsehteam gesagt: »Die sollen machen mit ihm, was sie wollen – zurückschicken, meinetwegen aufhängen, mir egal. Bei uns in Büyükyoncale jedenfalls kommt er nicht unter.«

Deshalb wurde Mehmet zuerst in ein staatliches, offenes Heim für Straßenkinder gebracht. Dort fand es Mehmet »grauenvoll«. Eine sozialpädagogische Betreuung gab es nicht.

Mehmet war verwirrt. Fünf Monate hatte er in München im Gefängnis gesessen und war dann ohne jegliche innere und praktische Vorbereitung allein nach Istanbul gebracht worden. Der 14jährige war in der für ihn fremden Welt ganz auf sich allein gestellt. Mehmet wußte nicht, was er jetzt machen sollte. Die Eltern haben ihn auch erst ein Dreivierteljahr später besucht. Dafür telefonierte er jede Woche mit seinem großen Freund, seinem Münchner Anwalt Alexander Eberth.

Die erste Woche lebte er auf Kosten eines deutschen Verlages mit seiner Freundin in einem Nobelhotel. Dann war Mehmet allein. Zuerst bekam der 14jährige einen Job als Moderator beim türkischen Musiksender Kral TV, aber das ging schief. Weil er angeblich einen Laptop geklaut hatte, wurde er entlassen. Kurze Zeit lebte er bei einem Freund, bis der ihn rauswarf. Dann nahm ihn die Familie eines türkischen Journalisten auf und kümmerte sich um Mehmet.

Mehmet wollte wieder in die Schule gehen, einen Abschluß machen, um einen Beruf zu finden.

Noch während des politischen Streits in München um die Abschiebung des türkischen Serientäters begann ein Scherbengericht um den Sozialreferenten der Stadt und seinen Jugendamtsleiter. Auch Oberbürgermeister Christian Ude rügte sie öffentlich, weil das Jugendamt bei Mehmet erst viel zu spät gehandelt habe: »Wenn die bisherigen Instrumente offenkundig versagen, müssen sie ergänzt werden. Offensichtlich ist es notwendig, Kindern mit kriminellen Neigungen früher Grenzen zu setzen und Beschränkungen aufzuerlegen, als es gegenwärtig bundesweit Praxis ist. Es ist nicht verständlich, daß erst mehrere Dutzend Straftaten begangen werden können, ehe die ersten Maßnahmen ergriffen werden.« In Zukunft solle »schneller und nachdrücklicher reagiert werden«.

Als Mehmet weg war, hat der Münchner Stadtrat aus dem Fall Konsequenzen gezogen: Der Etat für die Jugendarbeit wurde um fünf Millionen Mark aufgestockt, die Schulsozialarbeit wurde verstärkt, der Kontakt zwischen Schulen, Polizei und Sozialarbeitern wurde intensiviert, damit Problemfälle schneller entdeckt werden können.

So forderte Oberbürgermeister Ude: »Das Problem läßt sich nicht auf Ausländerkinder und ausländische Jugendliche beschränken, sondern hat genauso mit deutschen Kindern und Jugendlichen zu tun. In der politischen Debatte war es ein Irrweg, als rechte Scharfmacher und linke Fundamentalisten den Fall Mehmet als Exempel dafür statuieren wollten, wie wir mit Ausländern umgehen. Das halte ich für grundsätzlich falsch. Als Konsequenz will ich, daß wir zur Kenntnis nehmen, daß unser Umgang mit kriminellen deutschen und ausländischen Jugendlichen unvollständig ist. Wir brauchen neue pädagogische Konzepte und mehr als nur die hilflosen Versuche in der Vergangenheit.«

Nachdem sich der Lärm um Mehmet gelegt hatte, wurde eine Frage trotzdem nicht gelöst: Wie eine Gesellschaft mit kriminellen ausländischen Jugendlichen umgehen soll, die in Deutschland geboren und aufgewachsen sind.

Einigen Jugendlichen wurde danach die Abschiebung angedroht, aber die waren alle älter als 18 Jahre. Die anderen wurden nicht mehr wie Mehmet an die Öffentlichkeit gezerrt.

Dann setzten die einen auf ein neues Staatsbürgerschaftsrecht: Damit wären alle Kinder und Jugendlichen vielleicht automatisch erst mal auch Deutsche. Und die anderen? Die lehnten das ab: Dann könnten kriminelle Ausländer Deutsche werden.

Der perfekt deutsch sprechende türkische Mehmet aus München, er war nicht das einzige kriminelle Kind in Deutschland. Überall in deutschen Städten sind die Behörden den Nachwuchskriminellen nicht mehr gewachsen. 1998 stieg die Kriminalitätsrate in Deutschland bei Jugendlichen um 41 Prozent, bei Kindern um 64 Prozent. In Darmstadt lebte 1998 ein 13jähriger, der 130 Straftaten auf dem Kerbholz hatte (Mehmet 62): Er ist Deutscher. In München wurden 1998 insgesamt 96 jugendliche

Mehrfachtäter (mit mehr als 20 Straftaten) zwischen 14 und 18 Jahren sozialpädagogisch betreut, davon waren 75 Prozent Deutsche. Die Zahl der Straftaten ausländischer Jugendlicher ging 1998 um 22 Prozent rapide zurück. Die Polizei nannte das den »Mehmet-Effekt«.

# Feridun Zaimoglu
# Vaters Redemachen über den ungeratenen Sohn

**DEN SPROSS ZUM BESSERMACHEN INNE** ▪▪▪▪▪▪▪
niederung geschickt. na, im basar kraut und rüben auseinanderhalten war klar seine sache, machte es gut, nur mit der halben härte war schlecht knacken, und erst s gerümpel, das er innen zimmer stellt, ne lava-lampe, das is doch schrott der träumer, willstes anmachen und wachsklumen inner suppe treiben sehen, hoch und runter, sind doch deutsche flausen. gottesfurcht macht die sippe munter, die rüsten noch im alter, sind krumme hunde die noch leben, räubern, weils gesetz ist, lassens, weil unnütz is, und der sproß hält s händchen vonner blonden. das in hose steckt, die spricht von rollen, als wär liebe nix und dann doch nur lieb sein von einer seite, dem mann, der sein arsch ausm hosenboden nehmen soll, der darf nur beim geschirrordnen was taugen mit stimme senken. das is ne scheiß weite welt, cabaret-knechte beim üben von leben, am ende, wennse mein sproß gut gerichtet in ihrer etage hat, da wird se von wild träumen, im traum fickt se n hunne innen arsch, davon wird se lebenslustig, aber den tod nachm aufwachen darf se sich anmerken lassen, sonst nix, und mein sproß wird zur memme, mein sohn wird zur memme, und so ne bricht immer erst mit der sitte, die gilt nicht mehr mehr beim fick, die gilt nicht mehr mit froleins, die aber sind kleine mädchen geblieben, ob mit vier oder vierzig, alles ne etage. alles blöff mickrig, alle im kunterbunten gestoff, is jeder professör worden mit pfützigem, is jede prinseß worden, und klammert s mädchen anner bohnenranke fest und will in himmel wachsen. kommt nicht von stelle die neunmaldumme, ne göre im metzenberuf. dem heißblütigen droht was, weil er auf eigene kappe macht, ohne die alten zu fragen. ich habe mal meinen sproß gestellt und gesagt: was will se, dein blondchen? mußt gedichte schreiben. mußt mit körperarbeit viel geld herschuften. mußt kochen

wegen gleichheit. müssen deine nägel rundgefeilt sein. mußt deine unterwäsche zum wäschesaal selbst bringen. mußt vier nummern auf einer latte bringen. mußt in der runde der ehrlosen sitzen. mußt auf den samen deines vaters spucken. alles zur gleichen zeit auf der waage. ich sage: wenn du ne metze übersiehst bist du bar jeder gestalt! der sproß aber hat mich beiseitegeschiebst wie der schrott, mit dem der höker geschäfte macht. aufn frühling nichts kommen lassen, auf das haar seines mädchens, das ihm einen ring durch ne nase zieht, und die verrät allen seinen gleichen und ungleichen, was er is: n anatolier. die nase, groß geraten, wies für manngesicht gehört, das der, wenn er ausm fenster hängt, die, wenn sie wäsche hängt aufm balkon, n signal hat zum sagen: das is meine leute. mein sproß nur schämt sich über gottesgabe, will wien aleman mit wenig nasenfleisch zärtlich spielen. n mann isn wall gegen einbruch, er is stark nicht mit muskeln, er is stark mit seele. unsre heißblütigen gehn inne falle der bieder verschnepften, sie haben ring inner nase, und das is ihre impfung. unsere sprösse sind die uns weggenommenen. sie sagen solche sachen in gemeinschaft mit deutschen buben und mädchen: mein vater, ach ja der altmodischer knecht, bindet die schleife zu ner toten leiste ummen Hals! mein vater, ach ja der wackelt beim gehen wien wrack! ich kenne sein scham über mich. ich bin der arbeiter, wie er in sein büchern nicht findet, ich bin die fabrikscheiße. bin gekommen und hab auf den meister geflucht, gleich am ersten tag, weil er mir fünfmal beten nicht ließ. mein sproß redet heute nach, was er nicht im leben gehabt, er sagt: kampf und revolution. der bolschewik is schon lange eingegangen, aber mein sproß hat ja nicht umsonst gelesen, wofür is sone brille gut, er will noch mal von vorn s land befrein. er betet nicht, kommt nicht mal zum freitagsgebet, dann nur macht er langsame bewegungen, die hat der mir gezeigt, und ich dachte: gut, er macht athletiktraining. nun sagt er, das is seele waschen mit ausdauer und aus japan oder china. was exportiert er, wenn die sache schon in seinem haushalt steht? die tintenpisser scheißen auf alles erbstück oder stellens inne vitrine, und in zehn jahren fassen die sich an das mal schwarzgewesene haar, und sagen: ich komme nicht los von meinem blut. ihre wehmut is wie eine ameise, die ihnen inne eichel beißt. das kraut, das dem bär nicht schmeckt, wächst ihm vor ihm seiner höhle. kann mein sproß, auch wenn ihm die anlagen nicht liegen, sein mund nicht verzoffen zum maul. ich bin der zeuge, sein vater wird erleben, und der sohn wird erleben: die sippe überlebt im lauf der wehmut.

# Young-Mi Kuen
## Sommerzeit

OFFIZIELL HAT ALSO DER SOMMER HEUTE angefangen. Es ist immer noch kalt, aber allein das Bewußtsein, daß *heute* der Sommer angefangen hat, treibt die Menschen in die Grünanlagen der Stadt, die aus schmalen Baumalleen bestehen, zwischen denen die Straßen normal weiter verlaufen. Ich mache mit beim Großstadtsommeranfangsneurosentum und fahre in den Stadtpark.

Dort drehe ich erst mal drei Runden, um nicht zu erfrieren, denn auch ich gehöre zu den Menschen, die glauben, wenn sie im T-Shirt und barfuß herumlaufen, daß der Sommer schneller käme ...

Irgendwann sitze ich auf einer dieser häßlichen Stadtparkbänke und höre dem Pärchen neben mir zu.

Sie (auf ihre Stöckelschuhe starrend): »Ist *das* nicht schön, daß der Sommer endlich wieder da ist!«

Er (an seinem Handy herumspielend): »Ja, bald wimmelt es wieder von den ganzen Maroks, Türken und überhaupt den *ganzen* Ausländern hier!«

Marokkaner und Türken sind also nur halbe Ausländer ...

Sie (entdeckt einen imaginären Fleck auf ihrem rechten Stöckelschuh): »Ja, das ist doch schön, wenn die ganzen Familien wieder zusammensitzen!«

Er: »Jaja, wieder überall dieser ganze Mief von dem Zeuch, wat die fressen!«

Fasziniert von dieser Blödheit, starre ich die beiden an. Sie merken es nicht.

Sie reibt an ihrem Stöckelschuh mit einem Taschentuch herum.

Er weiter: »Der Dieter fliegt nächste Woche wieder nach Thailand.«

Sie: »Ach?«

Er: »Ja, nicht, was du denkst, er interessiert sich einfach für die Kultur.«

Ich kann mir Dieter leibhaftig vorstellen …

Sie: »Fliegt Britta denn mit?«

Er: »Glaub nicht, die sind doch gar nicht mehr zusammen.«

Ich misch mich einfach ein: »Hat Dieter denn vorher aus dem Katalog bestellt? Nicht, daß der arme Didi umsonst hinfliegt!«

Er zupft weiter an dem Handy und merkt gar nicht, daß ich mit ihm spreche. Sie reibt gedankenverloren an ihrem Schuh herum.

Er: »Glaub nicht, man bekommt doch immer eine da, wenn man will!«

Ich: »Ja, nicht wahr? Und dann machen sie es auch noch ohne Gummi.«

Er (etwas ineressierter): »Will nicht hoffen, daß Dieter so blöd ist … die haben doch eh schon alle Aids und so was!«

Sie: »Ich könnte was zu essen vertragen.«

Er: »Ja, ich auch, da hinten ist 'ne Dönerbude.«

Sie stehen auf und gehen. Ich überlege. Wenn der Döner die Türken integriert, dann wohl die Frühlingsrolle die Chinesen? Klar, die Pasta die Italiener, der Gyros die Griechen …

Ich fange an zu frieren und mache mich auf den Weg zum nächsten Café.

Da setz ich mich zu einem Typen in meinem Alter, der aufmerksam die *Zeit* liest. Da er eigentlich nicht alt und vertrocknet wirkt, verzeihe ich ihm innerlich.

Er sieht mich. »Darf ich dich was fragen?«

»Klar«, antworte ich.

»Aus welchem Land kommst du denn?«

»Aus Korea, bin aber in keinem Katalog erhältlich!«

»Du bist hier geboren oder? Du hast gar keinen Akzent!«

»Ja im Ruhrpott.«

Wir schweigen uns an. Ich sehe, daß er ausgerechnet die Kontaktanzeigen in der *Zeit* studiert.

Er versucht, weiterhin Konservenkommunikation mit mir zu betreiben: »Was für Musik hört man denn so in Korea?«

»Tja, woher soll ICH das wissen??? Ich war noch nie da …«

Schweigen. Eigentlich reicht mir dieser Konservenkram auch so langsam, so daß ich beschließe zu cutten: »O. k., du suchst, liest dir sogar die Kontaktanzeigen in der *Zeit* durch und stellst mir blöde Fragen. Bevor nun diese Standardsprüche kommen wie *Bei euch ist das ja anders* und irgendwelche abstrusen Vorstellungen über das Sexualverhalten von Asiatinnen, setze ich mich an das andere Ende dieses Cafés.«

Ich nehme die Tasse Milchkaffee und bin etwas enttäuscht, daß noch nicht mal eine gepfefferte Abwehrantwort von ihm kommt ...

Zehn Minuten, ganze zehn Minuten bin ich alleine an einem Tisch. Dann schleicht ein Typ *knapp-die-Dreißig-erreicht-und-schon-in-der-Krise* von seinem Platz zu meinem Tisch.

»Ich habe eben dein Gespräch mitgehört.«

»Schön für dich.«

»Das ist ja selten, daß eine von euch so frech ist.«

Ich muß an mich halten, um den Milchkaffee diesem Menschen nicht ins Gesicht zu werfen ...

»Ich finde das sehr interessant, wenn eine Frau, dazu auch noch aus Asien, so frech und selbstbewußt ist.«

Igitt, jetzt kommt diese *starke-Frauen-kommen-in-den-Himmel-Masche* ...

»Ich finde das sehr interessant, daß immer wieder dieselben Typen, nämlich knapp um die Dreißig und schon in der Midlife-crisis, solchen Schwachsinn von sich geben.«

Beleidigt steht er wieder auf. Bevor ich das ganze Café gegen mich habe, bezahle ich und gehe auch.

Draußen scheint immer noch die Sonne. Offiziell ist Sommerzeit ab heute, und ich beschließe, die letzten Stunden zu ignorieren. Vielleicht mal einen Text darüber zu schreiben, sofern das jemanden interessiert ...

# Özay Fecht
## Ich hab Deutschland plötzlich so gemocht

Ein Gespräch mit *Jutta Winkelmann*
und *Joachim Lottmann*

DIE EINSAMKEIT IN DEN GROSSSTÄDTEN,
denke ich, ist eines der größten Probleme unserer Zeit neben
Bürgerkriegen. Man sollte mehr Filme machen über die Einsamkeit, weil es so viele Leute gibt, die sie erleben. Ich reise sehr
viel, ich bin in Paris, in San Francisco und New York und treffe
immer diese vielen alleinstehenden Menschen. Die fühlen sich
einsam, haben einfach Angst. Vor ein paar Monaten war ich in
N. Y. Da hab ich bei einem Freund gewohnt. Ich sagte, laß uns
ein paar Freunde einladen, und hab gekocht. Sie wollten fast
meine Füße küssen. »Das war ja so schön«, haben sie gesagt.
Niemand macht das dort. In Paris war ich dauernd zum Essen
eingeladen.

*[J. L.] Es ist ein Phänomen unserer Zeit, in den siebziger Jahren
war es ganz anders.*
*[J. W.] Es wird alles psychologisiert, man geht einsam nach Hause
und denkt darüber nach, wie einsam man in der Kindheit war,
aber es gibt keine Community, es gibt keine Politik in dem Sinn,
daß man sich schöpferisch daran beteiligen kann. Die ganze
Psychoanalyse basiert darauf, daß man in Irrenhäusern geforscht
hat. Sie ist so konservativ und hält nur die Familienwerte hoch.*
In den siebziger Jahren hat es Communities und Wohngemeinschaften gegeben und freien Sex. Ich kann mich erinnern, als
ich an der Uni war, da gab es Arbeitsgruppen, die haben alle
zusammengearbeitet und -gelebt. Und dann hat sich plötzlich
alles verändert durch diese Computergeschichte und die neue
Generation, die schon mit zwanzig mit Ellenbogen ihre Geschäfte machen und ihre erste Million verdienen will. Wenn damals irgendein Freund von uns gesagt hätte, ich möchte jetzt
meine eigene Firma gründen, dann hätten wir gelacht. Es war
egal, ob man Geld hatte, genau das Gegenteil: wir wollten kein

Geld haben. Das hat sich so verändert in den letzten zwanzig Jahren. Das hat auch mit der Frauenbewegung zu tun, die war ja ganz nett, aber das hat auch negative Seiten. Und die Männer wissen überhaupt nichts mehr. Die Frau sagt, ich hab meine Rechte, ich arbeite. Auf der anderen Seite sind sie sehr konservativ. Ich hab mehr die Frauenbewegung beobachtet als darüber gelesen. Früher hat der Mann gearbeitet, die Frau war zu Hause. Jetzt haben die Männer Angst vor den Frauen.

Ich kenne viele Frauen, die alleine leben, aber nicht so viele Männer. Männer können nicht alleine bleiben. Ab 50 haben sie meistens eine Jüngere. Aber die Frauen so ab 40 wie ich … ich kenne tolle Frauen, überall auf der Welt … witzig, sehen gut aus, aber haben keinen Mann. Die Männer, egal aus welchem Land, Arbeiter oder Intellektueller, die Männer wollen eine Mutter haben. Die wollen Geborgenheit, die Frauen nicht.

*[J. W.] Wie ist es hier als Ausländerin?*
Ich bin zufällig nach Deutschland gekommen. Zufällig bin ich dann eine Türkin in Deutschland geworden. Das bin ich nie gewesen. Mit fünf hab ich immer gesagt: »Ich werde Schauspielerin.« Ich hab mich in der Türkei nie wohl gefühlt wegen der Beziehung zwischen Mann und Frau. Irgendwie hab ich gemerkt, irgendwas stimmt hier nicht. Da hab ich mir gesagt, wenn ich 18 bin, dann geh ich nach Europa. Für mich war Europa aber nicht Deutschland. Ich wollte nach Paris oder nach London gehen, auf eine Schauspielschule. Aber da meine Eltern kein Geld dafür hatten, hab ich gedacht, ich geh zuerst nach Deutschland als Gastarbeiterin. Ich bin aufs College gegangen und hab Englisch gelernt, hab nur englische Musik gehört, Beatles und was weiß ich. Und plötzlich kam ich zu diesen Gastarbeitern, die ich in der Türkei nie gesehen hatte. Die hab ich erst in Deutschland gesehen. Ich war nie auf einem Dorf in der Türkei. Ich wollte einfach weg. Deutschland ist immer noch gut, besser, als jetzt in der Türkei zu bleiben. Da wollte ich nach London. 1971 mit 18. Dann bin ich dageblieben, in Berlin. Ich hab keine Eltern gehabt, die hier gelebt haben als Arbeiter.

18 ist nicht so erwachsen. Völlig alleine. Ich konnte Englisch, kein Wort deutsch. Ich habe ein paar Wochen in der Fabrik gearbeitet. Dann wurde ich krank, bekam Hepatitis. Als ich aus

dem Krankenhaus kam, konnte ich deutsch sprechen. Ich habe nur geschrien im Krankenhaus.

Ich wußte nicht, wie man eine Wohnung sucht. Ich hab bei den Amis auf dem Flughafen gearbeitet. Das erste Jahr war sehr schwierig.

Ich habe dann vier Jahre Amerikanistik studiert, aber nicht fertiggemacht. Denn irgendwann hab ich mir gedacht, du willst doch Schauspielerin werden, keine Intellektuelle. Dann habe ich im Film kleine Rollen gespielt. Ich spiele schon seit fast 23 Jahren, die ersten drei Jahre bei einer freien Gruppe.

*[J. W.] Was hat sich für die Ausländer in den letzten Jahren verändert?*
Jetzt bemerke ich diese neue Generation. Das sind ganz andere als die ersten, die herkamen. Die sind wirklich zwischen zwei Kulturen zerrissen. Die können fast alle besser Deutsch. Teilweise sind sie sogar hier geboren. Hier sind ihre Wurzeln. Ich blicke noch nicht durch. Es ist eine ganz neue Generation, die sind trotzdem Türken, aber anders als die Puertoricaner in den USA. Hier sind sie so richtig dazwischen.

Kurz nach der Maueröffnung bin ich nach Paris gegangen, weil ich es nicht ausgehalten habe. Auf einmal war es ein Schock: Wir dachten, die Leute sind alle »Antifaschisten«. Jetzt ist es nicht mehr so schlimm. 90 bis 94 Paris, 96 in New York, seit 96 bin ich zurück. Bis dahin hab ich immer auf Deutschland geschimpft, mich aber immer im Ausland auf deutscher Seite gefühlt. In Frankreich ist es noch schlimmer ... wie sie mit Arabern umgehen. Durch ihre Geschichte haben die Deutschen keine Chance. In Deutschland gibt es auch andere Qualitäten, aber die Deutschen haben keinen Humor. Ich hab auch ganz tolle Freunde in Deutschland. Die Leute interessieren sich wirklich, in Paris wird das Thema am Eßtisch sofort unterdrückt. Friedensbewegung und Grüne Partei, das kam alles von hier. Deutschland ist viel fortschrittlicher als viele andere Länder.

*[J. W.] Wir sind aufgewachsen mit unserem schlechten Gewissen, das hat uns kultiviert.*
Deshalb sind die Deutschen auch viel vernünftiger. Wie die Franzosen mit den Asylanten umgehen ... die schmeißen die

sofort raus. Ich bin jemand, der sehr viel reist, der andere Länder kennenlernt. Ich hab Deutschland plötzlich so gemocht. Früher sagte ich immer: »diese Deutschen«, die sind immer so ausländerfeindlich. Durch die Aufenthalte in anderen Ländern hat sich das verändert. Ich habe mich immer gestritten mit Leuten im Ausland: »Nein, die Deutschen sind nicht so.«

Franzosen zum Beispiel kennen die arabische Kultur sehr gut. Für die Deutschen ist der Umgang mit Ausländern noch immer unvertraut.

*[J. L.] Ist doch komisch bei acht Millionen Ausländern, soviel, wie die Schweiz Einwohner hat!*
Aber wie lange gibt es uns denn hier? Seit 30 Jahren!

*[J. L.] Sind die Zuschreibungen nicht entsetzlich?*
Ich kriege ›Türkenrollen‹, ich mach das meistens für Geld, lieber, als daß ich anderes mache. – Ich wollte zum Beispiel auch immer Casanova werden …

Ich habe gerade diesen Kurzfilm geschrieben über Einsamkeit. Weil ich sehr oft Türkenrollen spiele und mit den Regisseuren kämpfe, hab ich gedacht, jetzt mach ich mal 'n Kurzfilm. Über internationale Einsamkeit, das Wort »Ausländer« erscheint nicht in diesem Film. Mein Problem, immer diese »Türken« zu spielen …

Fatih Akin hat das mit seinem Film »Kurz und schmerzlos« ein bißchen anders gemacht. Aber ich bin sicher, er wird in den nächsten Jahren Schwierigkeiten haben, Gelder zu bekommen, weil sein Name türkisch ist. Wenn er sagt, ich möchte einen Liebesfilm machen, der in Island spielt, sagen sie: »Wie, als Türke?!« Deutsche Regisseure machen auch Türkenfilme, die Deutschen können das! Das ist ein verdeckter Rassismus.

Ich hoffe, daß jemand wie Fatih eine Chance hat, sich durchzusetzen. Es geht nicht, daß wir immer die Exoten sind!

*[J. L.] Wie ist die Neue Generation in der Praxis?*
Sie hat unheimlich viel Energie. Sie wollen das jetzt anders machen. Sie haben gesehen, welche Probleme ihre Eltern hatten. Die können perfekt deutsch sprechen. Sie kennen das Land, sie haben keine Angst.

*[J. W.] Bildungsmöglichkeiten, haben aber auch ein wärmeres Nest als viele Deutsche?*
Ich glaube nicht, daß alle Familien stimmen, viele sind auch geschieden. Viele türkische Frauen, die ich kenne, leben alleine. Nachdem sie hergekommen sind, fanden sie ökonomische Unabhängigkeit, die sie in ihren Dörfern nicht kannten. Ein paar Jahre später haben sie ihre Männer verlassen.

*[J. W.] Wie geht man mit den beiden Welten um? Führt das zu einer höheren Intelligenz? Entsteht kreatives Potential? Stehen hinter Feridun Zaimoglu tausend andere?*
Ich hab keine zwei Kulturen. Meine Eltern lebten zufällig in der Türkei.

Ich wollte Schauspielerin werden und spielte plötzlich immer »Türkinnen«. Renan Demirkan spielt zum Beispiel auch deutsche Rollen, die hat es geschafft. Sie spricht auch akzentfreies Deutsch, nicht wie ich. Aber wir leben doch zusammen, ist doch egal, ob ich mit Akzent spreche. Ich könnte doch im Film die Freundin von einer deutschen Schauspielerin spielen, die Frau des Geschäftsmanns et cetera.

Ich bin überall zu Hause und spreche fünf Sprachen. Ich bin keine Türkin in Deutschland.

# Mithu M. Sanyal
## Pholans Entjungferung

»ABER IN INDIEN LEBEN INDER!« SCHRIE ich meine beste Freundin Anita an, und die sagte nicht: Ja, das ist natürlich ein Problem, daran habe ich noch gar nicht gedacht, sondern lächelte nur milde wie Lady Di vor Dodi: »In Deutschland leben auch eine ganze Menge Deutsche.«

»Aber das sind doch alles Vorurteile!« Ich nahm einen tiefen Schluck von Anitas ungesüßtem Preiselbeertee (gegen Blasenentzündung), bevor ich noch mehr Sätze bilden konnte, die mit aber anfingen und einem Ausrufezeichen endeten. Nur hatte das den Nachteil, daß Anita dann übernahm.

Schlimm genug, daß sie sich eine Eigentumswohnung kaufen wollte: Ich meine, Anita hatte *Häuser besetzt*, da konnte sie doch jetzt nicht einfach die Seiten wechseln, oder?

»Laß diesen dogmatischen Unsinn. Ich kaufe schließlich keine Wohnung in Krefeld, sondern in Kalkutta. Das ist ein Unterschied.«

»In der Tat! In Kalkutta gibt es noch viel mehr Wohnungslose als hier.«

Anita lehnte sich quietschend in meinem aufblasbaren Plastiksessel zurück und kaute an den Innenseiten ihrer Wangen. Da war noch etwas. Ich war mir sicher, daß da noch etwas war. Ich betrachtete die sporadischen Wimpern an ihren enormen Augen und den akurat verlaufenden Kajal darunter. Sie sah immer noch aus wie mit dreißig, als sie ausgesehen hatte wie mit zwanzig. Ich kannte sie jetzt mein ganzes Leben, oder zumindest den Teil davon, den ich für erinnerungswert hielt, und die Hälfte dieser Zeit hatte ich sie nicht ausstehen können.

Das lag natürlich nicht an Nita, sondern daran, daß unsere Eltern uns für die besten Freundinnen hielten, da wir die beiden einzigen Inderkinder in Oberbilk waren.

»Anita ist widerlich«, erklärte ich meiner verzückten Mutter zum siebten Mal und langsam nicht mehr ganz so geduldig, »außerdem werden wir ständig miteinander verwechselt, obwohl sie mindestens doppelt so groß ist wie ich.«

»Natürlich, Liebes«, antwortete meine Mutter einfühlsam, »das liegt nur daran, daß ihr euch so ähnlich seid.« Und so sahen das alle.

Weil sie die einzige war, die bis zwei zählen konnte, ging ich in einer der großen Pausen zu ihr.

Anita wartete auf der Stange für die Fahrräder und schlenkerte mit den Beinen. Trotz der knapp sechzig Jahre Altersunterschied wirkte sie wie Miss Marple in »Mörder Ahoi!«, albern, deplaziert und durch und durch überlegen: »Also, was schlägst du vor?«

»Du könntest deine Eltern überreden, nach Indien zurückzugehen – oder du könntest ausreißen – oder dich von der Schule verweisen lassen«, sagte ich schnell.

»Na prima!« Anita rollte ihre Augen wie Billiardkugeln.

»Fällt dir etwa etwas Besseres ein?«

Sie sprang mit übertriebenem Schwung von der Stange und spazierte einmal prüfend um mich herum. Ich starrte ohne zu zwinkern zurück. Das quietschgelbe Hemd, das sie trug, unterstrich den Gelbstich ihrer Haut, und ich hatte mir ein paar Tage zuvor meine erste Dauerwelle verpassen lassen. Trotzdem schien sie zufrieden.

»Laß uns zusammentun«, sagte sie und beobachtete genüßlich meine entsetzte Reaktion, »zumindest für eine Zeit.«

Ihre Idee war, einen Knaben zu teilen, und zwar nicht irgendeinen Knaben, sondern den begehrtesten Jüngling der ganzen Schule. »Da wir uns ja zusammen anbieten, können wir auch einiges verlangen, findest du nicht?«

»Aber ich mag dich nicht einmal«, wandte ich ein.

»Du brauchst mich auch nicht zu mögen, du mußt mich nur lieben« antwortete sie.

Das war der Anfang meiner Freundschaft mit Anita Chowderie, und sechs Jahre später erzählte sie mir auch, aus welchem Film das Zitat stammte.

Und das sollte jetzt das Ende sein?

Ich trat gegen ihren Plastiksessel, so daß er schwabbelte wie ein Wasserbett mit Cellulitis.

»Es wird dir gefallen, es ist in einer ruhigen Seitenstraße von

Goriahat«, erklärte sie in demselben Tonfall, in dem sie mir gesagt hatte, ich müsse sie bloß lieben.

»Es gibt keine ruhigen Seitenstraßen von Goriahat«, erinnerte ich sie.

»Sieh nicht immer alles so negativ.«

»Ich sehe nicht immer alles negativ, du siehst immer alles negativ. Was ist denn schon so schlimm an Deutschland? Nichts, was du in Indien nicht auch haben könntest. Wenn du unbedingt Inder willst, dann geh doch nach London.« Ich schnappte kurz nach Luft und stürzte mich in meinen nächsten Satz: »Genau, zieh nach Southhall. Du wirst den Unterschied gar nicht bemerken. Und wir können dich wenigstens regelmäßig besuchen.«

»Darüber wollte ich gerade mit dir reden.«

Das war es also: »Nein!«

»Du weißt doch gar nicht, was ich sagen will.«

»Oh doch: Nein!«

Ich wußte es wirklich. Vor 14 Jahren hatte es damit angefangen, daß Nita schwanger geworden war *und* das Kind auch noch austragen wollte – und damit geendet, daß ich meine Tochter Pholan zur Welt brachte. Dieses Mal sollte es also Indien sein.

»Optimal«, sagte meine Tochter, als ich ihr die Geschichte erzählte. Womit sie nicht Nitas bevorstehenden Auszug meinte, sondern die Videokamera, die sich Anita für die Hauskaufreise ausgeliehen hatte.

Sie habe nämlich vor, fuhr Pholan fort, sich bei ihrer Entjungferung zu filmen.

Im Radio jubelten die Beatles »Help!«. Ich hatte nicht gewußt, daß meine Tochter schon plante *Geschlechtsverkehr* zu haben – viel schlimmer, ich hatte noch nicht einmal eine Idee, mit wem. Unlogischerweise nahm ich das ebenfalls Anita übel. »Leg dir ein Tuch drunter, dann hast du gleich eine schöne Verpackung für die Kassette, falls du blutest«, sagte ich deshalb automatisch, anstatt die naheliegende Frage zu stellen: Ist er gut im Bett? Hast du irgendwelche Erfahrungswerte von deinen Freundinnen?

Das erste Mal soll ja so entsetzlich prägend sein.

»Optimal«, sagte Pholan und folgte mir in die Küche.

»Bei mir hat es übrigens nicht geblutet«, redete ich weiter, da ich gerade so schön dabei war. Und: »Ich glaube, der Honig riecht nach Katzenpisse.« Und: »Wo ist das weiße Geschirrhandtuch?« Und: »Sag mal, was machst du da eigentlich?«

»Ich filme mich dabei, wie ich mich entjungfere. Habe ich doch gesagt.«

Natürlich tat sie das nicht, sondern räumte nur den Küchentisch leer und breitete das weiße Geschirrtuch darauf aus. Dann öffnete sie ihre Jeans.

Ich hatte mir die Defloration meiner Tochter irgendwie anders vorgestellt – also eher gar nicht.

Aber bestimmt nicht auf unserem Küchentisch.

»Wo denn sonst?« fragte Pholan erstaunt.

Na ja, wo sonst? Ich stellte die Kamera auf den Herd und wünschte ihr viel Spaß noch.

»Warte doch mal. Meinst du, ich sollte mich besser ganz ausziehen?«

»Besser als was?« Ich war schon in der Diele. Zwischen mir und dem Himmel waren nur der Speicher und Anita, die mit irgend etwas polterte.

»Mama«, drängte mich Pholan, »guck doch mal.«

Damit meinte sie durch die Kamera.

»Was siehst du von da aus?«

Ich sah meine eigene 13jährige Tochter vor mir mit gespreizten Beinen auf dem Küchentisch. Aber ich sah noch mehr. Ich sah ein dünnes indisches Mädchen auf einem hellen Handtuch, das sich an seinen Fußknöcheln festhielt, während es die Unterlippe zwischen Zähnen und Oberlippe hin und her rollte.

»Pholanji«, sagte ich zärtlich und zoomte auf ihr Gesicht. Sie schüttelte den Kopf. Einen Moment hatte ich den Lichtreflex ihrer neuen Ohrringe auf dem Monitor, dann verschwand alles hinter ihren Haaren. Ich schwenkte auf das Bild der fröhlichen chinesischen Obstverkäuferinnen über der Spüle, und als ich wieder zurückkam, sah mich Pholan durch die Kamera direkt an.

Auf jeden Fall, hieß dieser Blick, aber es hängt von dir ab, ob es für mich eher schön wird oder eher sinnlos.

Meiner Tochter ihre erste Entjungferung zu verderben war mir dann doch etwas zu dick. Und es mußte ja nicht zwangsläufig etwas mit Sex zu tun haben. Zumindest so, wie sie es machen würde.

»Du könntest eine Frucht in die andere Hand nehmen, dann wird es allegorischer.« schlug ich schließlich vor in der Hoffnung, ihr damit ein gutes Gefühl zu ihrem Körper zu vermitteln und trotzdem die notwendige mütterliche Distanz zu wahren.

Pholan schimpfte: »Das ist viel zu soft.« Aber an der Art, wie sie den Kopf hielt, konnte ich erkennen, daß sie geschmeichelt war. »Ich mache es trocken«, *trocken*? verkündete sie, »das ist trashiger.«

Oh ja – ganz bestimmt.

Sie kommandierte: »Macro!« und zog ihre Schamlippen auseinander. Und dann erblickte ich zum ersten Mal die Vagina meiner Tochter in Großaufnahme.

Ein Siebziger-Jahre-Gefühl von Glück durchströmte mich wie grünes und oranges Badewasser. Ihre Lippen formten eine Madonna, die langsam den Mantel öffnet – leider war diese Assoziation wahrscheinlich ein Überbleibsel meiner katholischen Erziehung – als ich so alt war wie Pholan bestand meine Auseinandersetzung mit Sex darin, daß ich mich auf mein Bett setzte und mir vorstellte, ich sei schwanger. Im Vergleich zum Beischlaf erschien mir die Schwangerschaft immer noch als das kleinere Mysterium. Und jetzt tastete meine Tochter mit einem ihrer schönen unfertigen Finger vorsichtig nach ihrer Öffnung und sandte damit ein silbernes Ziehen durch meinen Schoß. Ich fragte mich – na ist ja klar, was ich mich fragte.

Ich war erst lange nach meinem ersten vollständigen Geschlechtsverkehr auf die Idee gekommen, selbst etwas in mich hineinzustecken. Da war es dann ein Stück Orange, und es war ziemlich schwierig.

»... Tampon nicht hineinbekommen«, sagte meine Tochter noch, dann schwiegen wir beide, bis sie ihren Finger wieder aus sich herauszog und ihn mit den Worten: »So, das werde ich meinem ersten Freund zeigen« einmal schräg über die Linse rieb.

Ich war zu beeindruckt, um zu bemerken, daß entweder pubertierende Jungs eine Menge dazugelernt haben mußten, seit ich mich das letzte Mal für sie interessiert hatte, oder daß Pholan noch eine Menge über pubertierende Jungs lernen mußte. Deshalb fragte ich nur, wie es denn gewesen sei.

Und Pholan antwortete geheimnisvoll: »Nett von dir.«

Anita kochte mir zur Versöhnung Muscheln Rheinische Art. Ich sortierte die glänzenden blauschwarzen Schalen zu kleinen Haufen und versuchte, ihr nicht beim Essen zuzuschauen. Wir saßen in derselben Küche am selben Tisch und entschuldigten uns abwechselnd beieinander. Aber Anita wäre nicht Anita, wenn sie mich nicht mit einem einzigen Wort zur Raserei bringen könnte.

»Du kannst nicht in einen Ashram gehen, du bist eine Inderin. Inderinnen gehen nicht in Ashrams«, heulte ich auf.

»Eben« sagte Anita, als wäre das Thema damit erledigt.

## Ina Brox
**Sylvester 2000**

ICH HATTE TAIFUN SOGAR VON HINTEN gleich erkannt. Er trug noch immer den gleichen prachtvollen, pechschwarzen Zopf, der nur erahnen ließ, was für ein muskulöser Nacken sich darunter verbarg. Er saß über ein Bier gebeugt in unserer früheren gemeinsamen Stammkneipe. Als er sich dann überrascht umdrehte, weil ich ihm einen freundschaftlich gemeinten Kuß aufs Haupt hauchte, errötete ich bis unter die Haarwurzeln, weil ich für einen Moment lang überzeugt war, jemand Wildfremden geküßt zu haben.

Taifun sah furchtbar aus. Ich war ziemlich erschrocken: Schließlich war er damals, als ich mit ihm »ging«, der Beau der Oberstufe unserer Schule in Tempelhof: verhältnismäßig groß für einen Türken, aber nicht so schlaksig wie die ganzen deutschen Jungs aus meiner Klasse, sondern richtig gut gebaut: wundervoll muskulöse Unterarme, auf die ich noch immer so abfahre, schmale Hüften, und diesen selbstbewußten Gang – die Arme immer mindestens eine Handbreit Abstand vom Körper – von Männern, die sich ihrer erotischen Ausstrahlung voll bewußt sind. Außerdem hatte er diesen märchenhaften, meine Phantasie unglaublich anregenden Namen. Ich war eine ganze Weile richtig stolz auf meine Eroberung, um die ich von meinen Freundinnen, so war ich mir sicher, bestimmt beneidet wurde. Wir waren fast eineinhalb Jahre zusammen, und ich hatte mich von ihm nur wegen seiner notorischen Untreue (er sammelte Frauen wie Trophäen, wobei ich mir nie sicher war, ob ich nicht letzten Endes auch wegen meiner langen blonden Haare nur ein weiteres Statussymbol für ihn darstellte) und seiner unglaublichen Unpünktlichkeit – die mich eigentlich am meisten nervte – getrennt. Ich hatte einmal hochgerechnet, daß ich innerhalb dieser eineinhalb Jahre neun ganze Tage nur mit Warten auf ihn verbracht hatte, also insgesamt 216 Stunden!

Unsere Wege hatten sich vier Jahre nach dem Abi getrennt, als ich endgültig unsere gemeinsame Band verließ, und ich hatte Taifun bestimmt weitere vier oder fünf Jahre nicht mehr gesehen. Jetzt mußte ich dieses, durch einen Fünftagebart entstellte, nach Alkohol und Zigaretten stinkende Wesen als kläglichen Rest des ehedem so stolzen Jungmannes identifizieren.

»Oje!« sagte ich etwas ratlos nach einer weiteren Schrecksekunde. »Laß mich raten ... Liebeskummer?« Das hätte ein Blinder gesehen. Taifun sah weiter starr vor sich hin und gab einen grunzenden Laut von sich, der aber eindeutig als ja zu interpretieren war. Wir hatten uns immerhin fast ein halbes Jahrzehnt nicht gesehen, also konnte ich nicht damit rechnen, daß er mir sofort sein Herz ausschütten würde, zumal Männer ja sowieso nur ungern über Herzensangelegenheiten und noch seltener über Niederlagen sprechen. Hier hieß es also, besonderes Fingerspitzengefühl zu beweisen.

»Hast du etwas dagegen, wenn ich mich zu dir setze?« Er reagierte immerhin mit einem müden Kopfschütteln. »So schlimm?«

»Hmmmmm.« Wir schwiegen uns noch eine ganze Weile an, ich bestellte erst einmal einen Milchkaffee, bis er endlich seinen ersten verständlichen Satz von sich gab: »Scheiß Sylvester! Ich hasse Sylvester!«

»Ich auch.« stimmte ich ihm zu. »Aber es gibt immer mindestens doppelte Gage!«

»Ja genau. Und das Scheiß Sylvester 2000 ist an der ganzen Scheiße Schuld!« (Er sprach »Scheiße« noch immer mit diesem wundervoll weichen »s« aus, das es so nach Babystuhl klingen ließ, obwohl sein Deutsch ansonsten akzentfrei war.)

»Wegen dem blöden Millennium. Die haben uns nämlich einen Gig angeboten für 17 Mille!«

»Klingt ja schon echt dramatisch. Aber noch nicht nach einem wirklichen Problem!?«

»Du weißt doch: an Sylvester gibt es immer irgendwelchen Ärger mit irgendeinem Bandmitglied, das querschießen muß. Diesmal war es Benjamin: Unser Pianist. Dem ham'se schon im November '98 'nen Gig angeboten mit seiner anderen Band.« Ich nickte verständnisvoll.

»Ja, und dann habe ich mich natürlich nach 'nem Ersatz umgeschaut.«

»Und es war keiner mehr zu kriegen?« unterbrach ich ihn etwas vorschnell.

»Doch, doch.« Er zögerte. »Aber et war 'ne Braut!«

Mir war alles sonnenklar. »Laß mich raten: Du hast sie flachgelegt, und jetzt gibt's Ärger!«

»Quatsch mit Soße. Ich kenn keinen, der freiwillig Doris Tippmann flachlegen wollte. Die Braut is' häßlich wie die Nacht!«

Ich kannte Doris vom Sehen. »Ich finde, du tust ihr unrecht – ich mein, die ist vielleicht nicht gerade dein Typ, aber sie hat 'ne gute Figur, und stylen tut sie sich auch nicht schlecht! Außerdem soll sie 'ne echt super Musikerin sein, hab ich gehört.«

»Ja das stimmt schon ... wenn ich ehrlich bin, ist die sogar fitter als Benjamin ...«

Ich wußte, daß Taifun nicht prinzipiell etwas gegen Frauen in der Band hatte, schließlich hatte er mich ja auch noch jahrelang als Backing-Sängerin in seiner Band geduldet, obwohl wir da schon nicht mehr zusammen waren. Das Problem lag offensichtlich tiefer.

»Also erst war ich total froh, überhaupt jemand gefunden zu haben. Und Doris groovt wie die Hölle. Und das ist ja erst einmal das Wichtigste bei Funk-Musik. Aber dann fing sie langsam an ... irgendwie den Laden zu übernehmen. Als wäre das ihre Band und als ob das alles auf ihrem Mist gewachsen wäre. Ich mein' – die fing an, mir erklären zu wollen, was Hemiolen sind!«

Ich wußte nicht, was Hemiolen sind, aber ich wußte, daß Taifun Autodidakt war und mit an Sicherheit grenzender Wahrscheinlichkeit auch noch niemals von diesem Wort gehört hatte. Ich mußte mich zusammenreißen, um nicht zu grinsen. »Und? Was sind Hemiolen?«

»Ach laß mich doch in Ruhe mit dieser Theorie-Scheiße. Irgendwas mit zwei gegen drei.« Er versuchte, souverän zu wirken. »Ich mein, ich bin doch der Schlagzeuger!!! Und die versucht, *mir* was von Rhythmus zu erzählen!!!« Er atmete tief durch. »Sie hat jedenfalls total Unruhe gestiftet unter den Jungs. Aber das war nicht das Schlimmste. Den meisten Ärger hatte ich ihretwegen mit Zeynep.«

Er rang nach Worten. »Weißt du ... ich wollte heiraten!«

Jetzt mußte ich wirklich losprusten: »Du wolltest heiraten, echt? Ich glaub's nicht. Mister Casanova persönlich will heiraten. Haha. Und mir hast du immer Vorträge gehalten, daß Ehe als bürgerliches Relikt heute doch völlig überflüssig sei und so weiter ...«

»Okay okay, den Sermon kannst du dir sparen. Willst du's wirklich wissen?« Ich nickte beflissen, um ja keine gute Story zu verpassen.

»Also: es war ja nicht meine Idee, ich war ja schon immer dagegen, wie du weißt: Aber Zeynep stammt aus einer konservativeren Familie als ich. Und um uns zu treffen, mußten wir immer so viel Vorkehrungen treffen, weißt du. Es wurde echt lästig. Wir sind immerhin auch schon fast anderthalb Jahre ›zusammen‹. Und wenn ihre Familie mitgekriegt hätte, daß wir schon miteinander geschlafen haben, ich weiß nicht ... die hätten mich umgebracht. Am Anfang war's ja lustig. Ich mein, irgendwie ist natürlich alles viel prickelnder, wenn's verboten ist, ist ja klar. Und dann wollt ich sie natürlich auch nicht sitzenlassen, jetzt, wo sie keine Jungfrau mehr war. Na ja, und Zeynep ist total hübsch, weißt du. Echt. Und außerdem kriegt man ja 'n ganzen Haufen Kohle und Zeugs geschenkt bei so 'ner türkischen Hochzeit. Und meine Eltern haben sich auch total gefreut, die waren voll überrascht, als ich es ihnen gesagt hab'. Na ja, da bin ich irgendwie in so 'nen Strudel allgemeiner Euphorie geraten ... Na ja, und denn haben wir einen Termin bestimmt und alle Leute eingeladen, braucht ja unglaublich viele Vorbereitungen ... Und Zeynep ist extra in die Türkei geflogen, um den Goldschmuck einzukaufen. Irgendwie waren alle happy, sogar Zeyneps Eltern waren einverstanden mit mir, obwohl ich Musiker bin und ihr jetzt nicht so'n goldenes Leben versprechen konnte. Na ja.

Aber dann fing Zeynep an, total auszuflippen, wegen Doris. Ich mein', ich konnte ihr stundenlang erklären, daß ich nur sie liebe und daß Doris doch überhaupt nicht mein Typ sei. Ich mein', wir haben uns so gestritten, da hat sie es tatsächlich geschafft, mir zwei Veilchen zu verpassen, weil sie hat 'nen Unterteller von 'ner Kaffeetasse vor Wut an die Wand geworfen, und der kam zurück und hat mich genau an der Nasenwurzel getroffen. Und da waren dann am nächsten Morgen prompt beide Augen blau unterlaufen. Du kannst dir vorstellen, wie meine Jungs gefeixt haben. Ich mein, die kennen Zeynep, und Zeynep ist fast einen Kopf kleiner als ich und total zierlich. Na ja. Und dann hat Doris angeboten, sie würde sich meinetwegen mit Zeynep treffen, um ihr klarzumachen, daß zwischen uns rein gar nichts laufen würde und daß wir wirklich nur Kollegen wären und so weiter. Da war ich natürlich begeistert von der Idee und hab' ein Treffen arrangiert. Und erst dachte ich auch, prima, jetzt läuft alles so, wie es soll.« Er seufzte tief. »Ich konnte ja nicht ahnen, daß ich mir damit buchstäblich mein eigenes Grab schaufeln würde. Jedenfalls: die beiden haben sich prima verstanden. Und haben sich immer öfter getroffen. Das war ja auch für Zeynep viel leichter, sich mit 'nem Mädel zu treffen als mit mir, obwohl wir jetzt offiziell verlobt waren. Die wurden richtig unzertrennlich: Und wenn ich jetzt sauer auf Doris war, weil sie auf irgendeiner Probe wieder versucht hat, mir das Heft aus der Hand zu nehmen, fing Zeynep an, Doris vehement zu verteidigen und mich als alten Macho zu beschimpfen. Und wir fingen wieder an, uns wegen Doris total zu streiten, ich mein', es wurde echt lächerlich. Und ich Depp hab' mir natürlich auch nichts Böses dabei gedacht, daß sie so Partei für Doris ergreift. Eigentlich dachte ich, prima, jetzt emanzipiert sie sich endlich ein bißchen.« Er machte eine lange Pause. »Du wirst es nicht glauben. Letzten Donnerstag ist Doris dann unentschuldigt nicht zur Probe gekommen. Na und dann hab' ich bei ihr zu Hause angerufen, und da war ihre Freundin dran und sagte, Doris sei mit Zeynep abgehauen, und fing auch gleich an zu heulen wie ein Schloßhund. Und denn fiel bei mir endlich der Groschen. Taifun schüttelte immer noch tief ungläubig den Kopf: »Ich mein, Zeynep ist echt wegen 'ner Frau abgehauen ... sag mal du, wie kann so was passieren. Ich bin bestimmt kein schlechter Lover, oder?« Ich schüttelte tief betroffen den Kopf (obwohl, im nachhinein – so toll war er auch nicht, aber damals fehlten mir auch die Vergleichsmöglichkeiten.)

»Na ja, und jetzt ist die Kacke natürlich am Dampfen. Also, um dir meine Lage ungefähr klarzumachen: Abgesehen davon, daß ich am Boden zerstört bin – schließlich liebe ich Zeynep total, sonst hätt' ich doch niemals eingewilligt in diesen blöden Vorschlag zu heiraten, außer mir und der Freundin von Doris weiß noch niemand etwas davon. Ich mein' – meine Familie wird mich für absolut unfähig halten, und wenn erst Zyneps Familie davon erfährt – weiß der Geier, was Zeynep denen erzählt hat, wo sie am Wochenende hinfährt. Du wirst es nicht glauben, aber die haben mir sogar einen ihrer Brüder als Spion auf den Hals gehetzt, um rauszufinden, ob Zeynep sich nicht heimlich mit mir verabredet hat – die werden mich umbringen und Doris und Zeynep wahrscheinlich auch, wenn die Geschichte rauskommt. Aber ich muß irgendwas unternehmen, weil der Hochzeitstermin ist schon in drei Wochen, und es haben sich sage und schreibe 17 Verwandte von mir und von Zeynep aus der Türkei angesagt. Und weil Zeynep das ja alles auch weiß, hält sie sich mit Doris irgendwo versteckt, so daß ich noch nicht einmal die Chance habe, mit ihr zu reden! Heute ist Samstag, spätestens am Montag platzt die Bombe. Ich habe nicht die leiseste Ahnung, wo ich überhaupt anfangen soll mit dem Suchen!« Taifun war sichtlich den Tränen nahe, und zum ersten Mal, seit ich ihn kannte, tat er mir aufrichtig leid.

»Und der Sylvestergig platzt wahrscheinlich auch noch!« versuchte ich, ihm mein tiefstes Verständnis für seine mißliche Lage zu verdeutlichen.

»Spinnst du? Wer spricht hier noch von lumpigen 17 Mille? Hier geht es um Menschenleben! Scheiße, wenn ich nicht diese beschissenen Dollarzeichen vor Augen gehabt hätte, wäre ich niemals in so eine Lage gekommen!«

Und in einem kurzen Anflug von Galgenhumor fügte er noch hinzu: »Wenn ich Kurde wäre, könnte ich jetzt wenigstens noch einen Heldentod für Öcalan sterben.«

Ich war ziemlich ratlos. »Also wenn du einen Zufluchtsort suchst, du kannst natürlich bei mir auf dem Sofa schlafen.« (Ich hatte ihm zwar früher bisweilen Pest oder Cholera an den Hals gewünscht, aber seinen realen Tod natürlich nicht.)

Taifun war mit seinen Gedanken schon woanders: »Kennst du dich aus mit Lesben? Ich mein', in welche Kneipen die gehen und so?«

Ich war nicht wirklich Experte auf diesem Gebiet, hatte aber mal vorübergehend in 'ner Mädchenband gespielt, in der die Schlagzeugerin 'ne Freundin hatte. Und die hatten mich ab und an mitgenommen. »Hier in Berlin gibt's doch 'ne ziemlich große Szene. In der Oranienstraße sind ein paar einschlägige Kneipen, soviel ich weiß. Zum Beispiel das ›Roses‹ oder das ›SO 36‹.

»Hast du heute abend Zeit? Würdest du mit mir dahin gehen? Meinst du, die lassen mich als Mann da überhaupt rein?«

Ich konnte ihn beruhigen. »Also im ›SO 36‹ ist das Publikum auf jeden Fall gemischt. Du, ich war schon ein paarmal auf Konzerten. Ich wollte heute abend zwar zu meiner Mutter, waschen, aber das kann ich unter diesen Umständen natürlich verschieben. Schau auf jeden Fall, daß du heute abend etwas menschlicher aussiehst!«

Er war gerührt. »Ich weiß gar nicht, wie ich dir danken soll!«

Mir fiel sofort was ein. »Zahl meinen Milchkaffee, ich muß nämlich dringend los, hab' 'ne Probe um zwei. Wir treffen uns dann um zehn Uhr vorm ›Roses‹, ja?« Ich schnappte meinen Rucksack mit den Texten und verabschiedete mich schnell.

Ich wartete 15 Minuten vor dem ›Roses‹ und fluchte, weil ich mir den Arsch abfror, dann ging ich alleine hinein. Drinnen nur Frauen. Ich fragte die erstbeste nach Doris Tippmann, unter dem Vorwand, sie wegen eines musikalischen Projektes zu suchen. Es stellte sich heraus, daß Doris so etwas wie ein Stammgast hier war. Es hatte sich offenbar auch schon herumgesprochen, daß Doris eine neue Freundin habe und ihre alte schnöde sitzengelassen hatte. Die Mädels waren echt informiert; nur über die »Neue« konnten sie nicht viel sagen, die wäre noch ein unbeschriebenes Blatt in der Szene. Doris, im übrigen, sei so etwas wie ein weiblicher Casanova. Ich gab den Mädels meine Handynummer mit der Bitte, Doris mitzuteilen, sie möge mich doch möglichst bald anrufen, es ginge um einen gutbezahlten Gig, und verließ, um mich nicht verdächtig zu machen, nach einer Cola wieder das Lokal. Draußen kam mir prompt Taifun entgegen. Es war dreiviertel elf. Er hatte noch immer den gleichen schuldbewußten Kleine-Jungen-Blick wie vor zehn Jahren.

»Ich sage jetzt nichts. Es hat ohnehin keinen Zweck! Du änderst dich nie!« pfiff ich ihn an. Irgendwie hatte auch meine Aufforderung, sich in ein menschliches Wesen zurückzuverwandeln, mißverstanden. Er sah aus wie ein Model für einen Werbespot für ein Rasierwasser mit ungefähr 80prozentigem Moschusanteil, mindestens. Er trug seine schwarze Lederhose, ein schwarzes, enganliegendes T-Shirt, schwere Lederjacke. Dazu Motorrad-Boots (die mit der abgeflachten Spitze) und eine schwere Weißgoldkette. Ich schüttelte nur den Kopf. Er würde es ohnehin nie verstehen. »Laß uns gleich ins ›SO 36‹ gehen, ich war schon im ›Roses‹, wie du siehst, und habe einiges in Erfahrung gebracht.« Ich erzählte ihm, was ich wußte und daß womöglich schon bald mein Handy klingeln würde.

Die Türsteher vom ›SO 36‹ waren offensichtlich erfreut über unser Erscheinen. Wir hatten uns noch keine zehn Meter von ihnen entfernt, als der erste Typ Taifun hinterherpfiff. Fünf Minuten später hing Taifun wie ein Pitbull an der Kehle seines Sitznachbarn an der Bar und drohte ihn umzubringen, für den Fall, daß er es noch einmal wagen würde, ihn auch nur anzuschauen. Es kam, wie es kommen mußte – nach weiteren fünf Minuten befanden wir uns beide wieder auf der Straße und hatten zu allem Überfluß auch noch Lokalverbot, obwohl ich ja gar nichts dafür konnte. »Du Idiot!« zischte ich ihn an, »das wäre genau die richtige Kneipe gewesen!«

»Der hat mich in den Hintern gekniffen!« Taifun schüttelte sich.

»Jetzt ist es kurz nach elf, und unsere Mission ist schon zu Ende, bevor sie richtig angefangen hat! Wir können nur beten, daß die Mädels aus dem ›Roses‹ Doris noch treffen heute nacht.«

»Und was machen wir jetzt?«

Ich grinste. »Zu mir oder zu dir?« Taifun war irritiert. Er dachte, ich meinte es ernst. »Nicht, was du denkst! Nur, falls Doris anruft, könnte es sein, daß man in einem Lokal einfach nicht alles versteht, weil es zu laut ist.«

Das sah auch Taifun ein. »Ich glaube, wir gehen besser zu dir, ich würde mich nämlich nicht wundern, wenn einer der blutdürstigen Brüder von Zeynep im Hauseingang gegenüber lauern würde. Wenn die mich mit einer Blondine wir dir sehen, gibt's auch Ärger. Ich habe nämlich nicht gerade den besten Ruf!« fügte er erklärend hinzu. Ich nickte verständnisvoll. Kurz vor zwölf waren wir dann bei mir zu Hause.

An Schlaf war natürlich nicht zu denken. Ich setzte Wasser für einen Tee auf. Als ich gerade beim Aufgießen war, klingelte tatsächlich das Handy. Doris hatte angebissen. Ich hatte mir einen totsicheren Köder ausgedacht: Ich faselte etwas von einem wahnsinnig gut bezahlten Sylvestergig (schließlich mußte ihr klar sein, daß der mit Taifuns Band gelaufen war) und daß ich aber spätestens morgen Bescheid wissen müßte, ich brächte ihr dann auch gleich die Noten vorbei, wenn sie sich positiv entscheiden würde, undsoweiter. Sie sagte mir, das sei ein wahnsinniger Zufall, gerade eben wäre ihr ein anderer Sylvestergig durch die Lappen gegangen, und sie hätte auf alle Fälle Interesse. Auf meine Frage, wohin ich ihr denn die Noten bringen sollte, nannte sie mir nach einer kurzen Diskussion mit einer oder mehreren Personen im Hintergrund eine Adresse in Schöneberg. Es sei etwas zu kompliziert, zu erklären, warum sie nicht zu Hause übernachte, und am besten würde es morgen so gegen Mittag passen. Ich konnte die Aufregung in meiner Stimme nur mühsam dämpfen. Taifun hatte die ganze Zeit den Atem angehalten und fiel mir um den Hals, als ich das Handy ausschaltete.

»Bingo. Wir haben sie. Wir dürfen jetzt nur keine Fehler machen!« Er tat, als wäre der ganze Plan auf seinem Mist gewachsen. Ich verzichtete aber darauf, das jetzt mit ihm auszudiskutieren, und bezog lieber die Couch, damit er endlich mal wieder Schlaf fände. Dafür wälzte ich mich die ganze Nacht von der einen Seite auf die andere, erstens, weil aus dem Nachbarraum rhythmisches Sägen drang, und zweitens, weil ich ununterbrochen meinen Plan auf Lücken hin überprüfte.

Am nächsten Morgen stattete ich Taifun mit einem meiner karierten Hemden aus und verpaßte ihm außerdem meinen uralten Parka und eine Baseballkappe. Ich wies ihn an, eine Viertelstunde vor dem verabredeten Termin im Hauseingang der Gleditschstraße 16 auf mich zu warten, damit man mich auf jeden Fall alleine kommen sähe, falls man vorsichtshalber oder auch nur zufälligerweise aus dem Fenster schauen würde. Als mir geöffnet wurde, huschten wir beide ins Haus und bemühten uns, die Treppe bis in den fünften Stock im Gleichschritt zu nehmen! Wir hatten saumäßiges Glück: Doris wartete nicht in der Tür auf mich, sondern hatte diese angelehnt offenstehen lassen. Sie wurde bleich, als sie Taifun sah, der an ihr vorbei ins Wohnzimmer stürmte. Was folgte, war ein filmreifer Showdown, von dem leider weder Doris noch ich ein Wort verstanden. Auch Doris' und Zeyneps Gastgeberin flüchtete in die Küche. Ich konnte Doris vom Kampfplatz wegziehen, nachdem ich ihr glaubhaft versicherte, daß Taifun Zeynep keine körperliche Gewalt antun würde (vermutlich war Taifun weitaus gefährdeter!). Während im Wohnzimmer Zeynep hysterisch heulte und Taifun sie vermutlich auf einsfuffzig zusammenstauchte, saßen Doris, ihre Bekannte und ich in der Küche und schwiegen bedrückt. Irgendwann brach ich das Eis und gestand Doris überflüssigerweise, daß das mit dem Sylvestergig natürlich eine Finte war. Sie ihrerseits gestand mir, daß ihr die Geschichte mit Zeynep bereits über den Kopf gewachsen war. An Stelle des erwarteten lauschigen Liebeswochenendes mit einer rassigen Südländerin hatte sich das Abenteuer mit Zeynep zu einem Alptraum entwickelt. Zeynep hatte offensichtlich zwei Tage durchgeheult und alles, was Doris bis dato aus Zeynep herausbekommen hätte, war, daß sie sich vermutlich bis an ihr Lebensende würden verstecken müssen wegen der Familienehre und so, daß damit also Doris ihre Karriere als Musikerin hätte abschreiben können – sie hätte ja auf keinem Plakat und in keiner Voranzeige mehr genannt werden können und so weiter und daß sie, Doris, Zeylep recht bald schon geraten hätte, Taifun um Verzeihung zu bitten, bevor es zu spät wäre. Zeylep ihrerseits hätte Doris immer wieder beteuert, wie sehr sie sie lieben würde und wie unvergleichlich ihre Liebeskünste seien, auf die sie nie mehr verzichten wolle, lieber wolle sie sterben.

Drei Wochenenden später, auf Zeyneps und Taifuns Hochzeit, auf die ich selbstverständlich als Ehrengast geladen wurde, fragte ich Taifun zu vorgerückter Stunde, in einem günstigen Augenblick, wie er es um Himmels willen geschafft hätte, Zeynep umzustimmen. Er grinste: »Du wirst es nicht glauben, wir haben einen Deal abgeschlossen.« Ich ahnte bereits, worauf es hinauslief. »Nun, wir haben ausgemacht, daß sie sich mit Frauen treffen kann, wann immer sie will. Dafür hat sie mir versprochen, mir nie wieder eine Szene zu machen, ob berechtigt oder nicht ... ich mein, das sind doch die besten Voraussetzungen für einen Typen wie mich, eine lange und glückliche Ehe zu führen!«

»Und Doris?« wollte ich noch wissen.

»Doris spielt selbstverständlich Sylvester mit. Ich kann mir doch unmöglich leisten, einen Gig für 17 Mille zu canceln ...«

# Stan Lafleur
## miniaturen aus den zeiten der kohlära

**14** MEINEN ERSTEN KUSS TEILTE ICH MIT einer gastarbeitertochter der zweiten generation. sie kam von der hauptschule und wollte mit dieser aktion während einer stehbluesparty den typen eifersüchtig machen, auf den sie eigentlich stand. in sexueller hinsicht war ich seinerzeit nichts als ein calvinistisch erzogener warmduscher. xy schenkte mir reichlich zunge. die romanze verglühte für sie nach wenigen stunden, für mich erst nach wochen, in denen ich sogar in ihr hochhausghetto radelte, um womöglich ihrer epiphanie heischig zu werden. nichts passierte. ich komme nur auf diese kleine episode, vorliegenden bericht zu eröffnen, der ein bescheidenes licht auf jene mehr oder weniger randseitigen phänomene werfen soll, die meine begegnungen mit ausländerkindern in deutschland begleitet haben. und so erinnere ich mich noch einmal, ohne es gerne zu tun, denn mehr gibt es dazu beim besten willen nicht zu sagen, des mädchens, dessen körperflüssigkeiten ich zuallerallererst kostete, wobei ich unumwunden zugebe, daß sie nicht der sorte wein angehörte, die man erst atmen lassen sollte, bevor man sie genießt.

**17** harry war der einzige ausländer an unserem gymnasium. ein exot. genaugenommen war er deutscher, hatte seinen grünen paß, sprach badisch besser als deutsch, ganz zu schweigen von seinem bruchstückhaften italienisch, das er niemals anwendete, weil es überhaupt keinen sinn gemacht hätte. ein schwarzer oder nur ein waschechter südländer wäre damals in unserem viertel ebensosehr aufgefallen wie ich selber einige jahre darauf den bewohnern abgelegener dörfer in der dritten welt.

harry und ich waren einmal konkurrenten gewesen, bei einem mittelstreckenlauf, bei dem ich ihn verheerend besiegte. am start hatten wir noch darüber gesprochen, daß wir die favoriten für das rennen seien, vor allem angesichts der konstitution der übrigen wettbewerber. sportler unter sich. als ich ihn am ende 20 meter hinter mir hatte, gewann ich seinen respekt.

ein paar jahre später, als wir alle begannen, sehr viel bier zu trinken, trafen wir uns in der stammkneipe, der einzigen in unserem vorort, wo junge leute hingehen konnten, ohne sogleich in eine messerstecherei mit GIs verwickelt zu werden. es war eine der drei lahmarschigsten kneipen der welt.

harry war in den sommerferien im land seiner väter gewesen, arkadien. er saß bei einem export in erzähllaune mit schwangeren augen. südlich braunen augen. sie strahlten das volumen einer welt aus, in der man zu wohnen hatte, einen ausschnitt des universums, der ebenso großartig wie lächerlich wirkte. »wie wars?«, stachelte ich ihn an. und harry erzählte eine beerdigungsgeschichte, die ich mir bis heute in meinem gedächtnis wie einen altar aufbewahrt habe, an den man selten tritt, doch seine heiligkeit ohne jeden zweifel respektiert und bewahrt.

»irgendn entfernter onkel von mir is gestorben, und wir ham da sone familiengruft. doch der typ war über zwei meter, und das is für italienische verhältnisse absolut riesig. und die gruft, die war nur für normale leute konzipiert, und da ham se den onkel, luigi, hieß der, dann ruhen lassen wollen, und der sarg, das war schon ne sonderanfertigung, der paßte da einfach nich rein, und weißte, was die dann gemacht haben? ... der ging vorne und hinten nich, und dann groß palaver, und nach ner weile ham se sich entschieden, und ham den sarg einfach am ende aufgesägt und die füße zurückgestopft, daß er da reinpaßt und den dann da, mit dem aufgeschnittenen sarg, in der gruft versenkt.« – »aber das muß doch irgendwann fürchterlich da rausstinken ...«, war meine entgegnung. »wird's wohl«, war harrys antwort. »aber weißte, es gibt auch gute sachen da. die jungen, die fahren am wochenende und überhaupt ständig, die ham nix zu tun, mit den vespas raus ans meer, und da kommste dann durch so kleine ortschaften, und wennde noch was einkaufen willst, ne limo odern paar bier, die geschäftsleute, die halten erst mal ihr schwätzle und lassen sich durch nix aus der ruhe bringen, da kannste wollen, wasde willst, und das fand ich voll sympathisch.« da kam der badener in ihm raus. »mann, interessant, das war also dein italien, fährste nächstes jahr wohl wieder hin, was?« – »nee, das war schon ok, aber nächste ferien wollt ich nach bochum oder braunschweig, mir bundesligastadien angucken, immer mal was neues.«

21 desinteressiert studierte ich mal dies und das, die kohlära war auf ihrem zähen höhepunkt angelangt, ein um sich selbst rotierendes goldenes zeitalter schien die nation zu ummanteln, wogleich das rumoren im osten bereits vage durchscheinend auf die neue bescheidenheit wies, stillstand coverte den großteil des geschehens, das leben in der brd verbreitete das madigbourgeoise ambiente eines letztendlich harmlos wirkenden gesellschaftsspiels, es wölbte sich dahin wie das innenleben einer siebziger-jahre-lavalampe, geführt vom verschleierten blick einer psychedelischen nabelschau, veränderungen waren ungewohnt und, zumindest insofern, als sie ernsthafte konsequenzen hätten nach sich ziehen können, meiner generation weitgehend unbekannt. das straßenbild wurde indes bunter. überall in den städten sah man plötzlich farbige auftauchen, und die vielfalt der internationalen restaurants begann zu blühen. das kabelfernsehen breitete sich aus. dieweil schleifte das miasmatische fell unserer jugend über den asphalt und hinterließ bei einigen pittoreske schürfwunden aus ohnmächtiger, leichtfertig kanalisierter wut. wir besetzten häuser, weil die älteren das so gemacht hatten, riefen ihre abgehalfterten parolen, setzten uns dogmatisch für minderheiten ein, ohne gerade kontakt zu ihnen aufzunehmen, um zu erfahren, wie es ihnen wirklich ging. alles war sehr wichtig, und wir hatten in jedem punkte recht, um uns von den anderen abzugrenzen, die alles falsch machten.

zu dieser zeit lernte ich jj kennen, dessen vater in london als chirurg arbeitete. er hatte mich eines tages vor dem gebäudekomplex, in dem wir beide wohnten, angesprochen, er hätte da was auf dem herd stehen, fufu, und würde mich zum essen einladen, bier gäbs genug. jj hatte eine äußerst sympathische erscheinung, wenn er lachte, freute man sich, man konnte gar nicht anders. nach dem essen gabs eine flasche clarke's, ein whiskey, von dem kenner wissen, daß er nur in ganz speziellen sortimenten feilgeboten wird. wir unterspülten den digestif dem zahlreich anwesenden dosenbier und schafften es, die vorräte zügig zu leeren, worauf jj sich erbot, von der nachttanke nachschub zu besorgen.

in den nächsten tagen unterhielten wir uns häufiger. wenn der eine langeweile hatte, kam er den andern besuchen, wir tranken ein paar bier, viel zu tun hatten wir ja nicht, der tag jedenfalls gehörte uns, er war unser freund, er bot ständig etwas zu trinken und musik, es war bestimmt sommerzeit, so jedenfalls liegt es in meiner erinnerung.

plötzlich hatte ich einen kumpel aus afrika. nun ja, auch er war in europa aufgewachsen, doch ging etwas geheimnisvoll fremdes von ihm aus, wie man so sagt, anders als diese ferne, die ich in mir selbst spürte, und doch auf mysteriöse weise damit verwandt, redete ich mir ein. eine kontinentale grenzziehung, eine unsichtbare kluft war in momenten einer falschen kopfbewegung, eines unsicheren satzes zwischen uns spürbar, eine klandestine konditionierung, die anfangs von sympathie verwischt oder übertüncht wurde und erstmals bei der nachricht vom tode seines vaters mit der klarheit eines granithügels zwischen zwei buchten zutage treten sollte. ich konnte die katastrophe bereits nach kurzer zeit riechen, doch faszination und neugier überwogen. jj rezitierte gerne mit seinem grandiosen pidginakzent aus shakespeares julius caesar, liebte schwarzenegger-filme und fragte mich, warum der sich auf deutsch so nannte: schwarz und neger? das war mir noch nie aufgefallen, und jj konnte sich darüber schlapplachen. wir sprachen über den sinn deutscher sprichwörter, die ihn interessierten und die er gerne in seine rede einflocht.

als jüngster sohn einer vielköpfigen adelsfamilie vertraute er mir eines tages sehr persönlich an, sei er kronprinz in einem palast draußen auf dem land im stolzen ashanti. seine familie säße auf gold, doch der reichtum bedrücke ihn. mit ernstem, fast verzweifeltem und für sein sonniges gemüt extrem düsterem blick preßte er heraus, er wolle lieber als penner auf der straße landen, als in seiner fernen heimat, die er nur noch aus kindheitserinnerungen kannte, in amt und würden zu geraten.

22 über jj lernte ich die ghanaische kolonie der region kennen, die sich eine verborgene infrastruktur aufgebaut hatte, um ihre traditionen weiterzupflegen, und wo ich den alleinerziehenden müttern ein wenig bei ihrem papierkram half und dafür zum essen, trinken und zu für mich spektakulär daneben anmutenden parties eingeladen wurde. so kam es, daß ich mich mitten

in deutschland das erste mal allein unter lauter schwarzen befand und mir meine hautfarbe, mein alltagsverhalten als fotonegativ gespiegelt wurden. es ergab ein seltsames gefühl, das ich erst monate nach unserer afrikareise verstand, als es mit unserer freundschaft bergab gegangen war.

jj wollte oder konnte mir nicht erzählen, was mich in ghana erwartete. auf jede nachfrage antwortete er nur: »du wirst es schon sehen, wenn wir da sind.« das war für ihn das selbstverständlichste der welt, und natürlich hatte er recht. er geriet mehr und mehr in euphorie. wenn er schwer besoffen war, erzählte er mir manchmal abgehackte geschichten auf twi, seiner heimatsprache. ich tat so, als ob ich zuhörte, und nickte manchmal mit dem kopf. unterdessen wandelte ich über einen jahrmarkt mit allen schikanen, riesenrad, geisterbahn, boxcar, wildwasserrutsche und der ganzen lightshow, sogar ein streichelzoo und ponyreiten auf einer lichtung mitten im busch. trommeln warfen schallwellen durch die sirrende nachtluft, in der die grenzen vom weiß der augen und von glühwürmchen markiert wurden, die grenzen ins reich von ursprünglichkeit, okkultem animismus, wo medizinleute sich nach nächtlichen zeremonien in leoparden verwandeln und für immer verschwinden konnten und ein paar altnazis unterseeische siedlungen aufgebaut hatten, im jules-verne-stil und sich in ihren tauchkapseln und -stationen von negersklaven bedienen ließen, die sich zu diesem zweck der metamorphose zum wels unterzogen. ich hatte ein paar gläser palmweinbrandy zuviel getrunken und schwebte auf den waldsaum zu. die blase drückte. mit der motorik eines heiligen schlug ich mich ins dickicht, von weit entfernt drang eine melodie, die die leichtigkeit der ortsüblichen tänze beflügelte und mich in eine geographie aus stämmen, stengeln und blättern entließ. mein schädel war ein faradayscher käfig, von künstlichen blitzen getroffen. ich pißte ins buschwerk, als mich aus einem baumstamm heraus ein alter mann schweigend musterte. er hatte einen magischen blick, von dem ich mich nicht abwenden konnte. nach einer weile bekam ich angst, denn ich hatte das gefühl, mich nicht bewegen zu können, nur der urin floß, minutenlang, und tränkte den boden. der alte hielt mich weiterhin mit seinem blick gefangen. endlich kam mir eine idee, und ich begann, beruhigend auf ihn einzusprechen, in einer sprache, die mir von weiß gott woher in den mund gelegt wurde. sein blick entspannte sich, er senkte die lider, und ich nutzte den moment, um mich zusammenzureißen und davonzumachen, zurück auf die kirmes mitten im urwald. als ich jj davon erzählte, verfiel er in helle aufregung. er wollte unbedingt wissen, wo ich den alten erblickt und wie er ausgesehen hätte. ich wollte nicht zurück, doch jj trommelte ein paar jungs zusammen, die unmittelbar in die gleiche aufregung wie er verfielen, und am ende der kleinen truppe traute ich mich zurück an die stelle, wies auf den baum, doch das gesicht des alten war verschwunden. kurz darauf sollte sich herausstellen, daß mein gesicht etwas mit dem tode seines vaters zu tun hatte, den er so beharrlich vor mir verschwieg.

23 zuerst waren da ein paar jungs und mädchen aus ratingen. sie besprühten die betonwüste ihrer sozialbausiedlung mit graffiti und machten in ihrem jugendzentrum deutschen hiphop. sie hatten sich das wohl aus new york abgeguckt. sie thematisierten ihre liebevoll »ghetto« genannte wohngegend und hüpften auf der bühne herum, um dem leben mehr spaß abzugewinnen. ihre eltern kamen aus unterschiedlichen ländern, und sie wurden dadurch zu einer art vorzeigeband, à la: »guckt mal, deutsche und gastarbeiterkids machen zusammen musik und vertragen sich«. sie glänzten dabei eher durch die lust am tun als durch ausgefeiltes können. im rahmen von multikulti und diskurs, begriffe, die nach mehrjähriger existenz in den einwandererländern unserer epoche schließlich auch nach deutschland importiert wurden, wurden sie ein wenig von der presse gehätschelt, bis die babies des booms, für den sie die pionierarbeit geleistet hatten, mit publikumswirksameren raps und beats in der allgemeinen aufmerksamkeit long und fat an ihnen vorbeizogen, die sache in industrielle dimensionen auswuchs und vermarktet wurde, was eine befruchtende wechselwirkung mit nebeneffekten wie geld, spaß, gier, wunschdenken und verständnis hervorrief.

27 kulminieren sollte diese entwicklung vorerst in einer formation dreier vorzeigeschlampen aus einem iserlohner ghetto, was per se unglaublich konstruiert klingt, dann aber bestätigt wurde, als der ex-freund der einen nach monatelangem herunterbaumeln vom gebälk auf einem dachboden aufgefunden

wurde und die schnellen blätter seine wohngegend fotografierten. aus der frankfurter ecke meldete sich der erste reimende gangster zu wort. aus köln kamen eher witzig klingende zeilen wie »ich mach disch krankenhaus«, die sch-lautdurchsetzte sprache des kanakenpidgins imitierend, mit dem die halbstarken türken in der straßenbahn oder an den büdchen oder, wenn man 'ne pulle bier spazierentrug, ihre enervierenden ich-bin-hier-wer-anmachversuche unternahmen, die sich meist mit einer saftigen entgegnung aushebeln ließen. eskaliert sind mir diesbetreffende gedanken selten. einmal aber doch, als in meiner u-bahnhaltestelle die wixer vom block offen mit 'ner knarre rumspielen mußten, unter den wenig begeisterten bis ängstlichen blicken der passanten. höchstwahrscheinlich handelte es sich dabei nur um ein schreckschuß- oder gasgestell. ich sagte nichts, unternahm auch nichts, ignorierte das wie alle. einer sagte extralaut und selbstbewußt: »hey, drück doch mal ab, das gibt hier so'n geilen hall«, und anstatt da einzugreifen wie auch immer, stellte ich mir vor, wie sie da womöglich anfangen würden, erst recht mit dem teil rumzufuchteln und wie einem in hirnrissiger weise gleich das rassisten- und implizite oder explizite naziargument entgegengeschleudert würde und niemand mehr davon redete, daß in deutschland offen getragene waffen als bedrohung betrachtet werden, daß es kaum einen sinn hätte einzuwenden, daß mein einziger rassismus gegen schwaben bestünde und ich die arschlöcher überall auf der welt noch halbwegs von den angenehmen unterscheiden könne. so arbeitete es automatisch in meiner birne, und ich merkte, daß ich sehr wohl unrecht haben könnte und wie volkstümlich ich dachte. die bahn kam, und ich stieg ein. die jungs blieben in der u-bahnhaltestelle sitzen. sie benahmen sich einfach genauso asi wie die umgebung, in der sie sich aufhielten.

23 als wir aus ghana zurückgekehrt waren, lebten jj und ich uns auseinander. erst nachdem wir uns aus den augen verloren hatten, begriff ich, woran es mit der zeit zunehmend gehakt hatte. die vielen mißverständnisse um frauen und unzählige andere fragen und antworten des alltags besaßen einen kulturellen code, von dem ich nicht mal wußte, daß er existierte, bis wir das land seiner herkunft besuchten, nach dessen regeln er auf-

gewachsen war, den ich dann aber auch nur langsam und zu kleinen teilen knacken konnte. auf viele meiner fragen gab es keine antworten, die man in worten hätte ausdrücken können. man sah die dinge. man fragte einen menschen in ghana nicht, was er denn beruflich täte. so etwas galt dort augenscheinlich als absurd. (noch absurder wäre es gewesen, sich depressive musik anzuhören, was ich seinerzeit häufig tat.) man sah ihn sich an. der erste eindruck zielte auf den menschen, nicht auf seine gesellschaftliche position. so einfach war das nicht, wenn man es nie anders gewohnt war. ich dachte stets, wenn ich jemanden kennenlernte, warum will das verdammte arschloch nicht raus mit der sprache? in accra und kumasi sagte jj mir mehrmals, daß ich wohl eher dorthin passen würde als er selbst. das war quatsch. ich lief all die wochen über nur staunend von ort zu ort und reicherte mein gedächtnis mit tropischen situationen an. erst ein halbes jahr später hatte ich die grobe bewältigung meiner eindrücke abgehakt. was ich bis dahin nicht kapiert hatte, würde ich so schnell auch nicht mehr begreifen, ohne ein andermal vor ort zu recherchieren. die schmerzhafteste erkenntnis war, daß ich erkennen mußte, wie deutsch bzw zentraleuropäisch ich geeicht war. ich hatte das zuvor immer abgestritten.

der druck seiner familie, die nachfolge seines verstorbenen vaters anzunehmen, zermürbte jj. er hatte mir immer nur angedeutet, daß es seinem alten schlecht ginge, und wenn ich nachfragte, erblickte ich fürchterliche schmerzen in seinem gesicht. also unterließ ich es. monate später hakte ich beiläufig noch einmal nach, worauf er erneut zusammenbrach und wütend herauspreßte, er hätte mir doch längst erzählt, der vater sei vor wochen gestorben. jj trank jetzt immer mehr. im suff verlor er die kontrolle über sich. sein einnehmendes wesen verzerrte sich zu einem unkontrollierten schrei nach liebe.

30 die einzigen, die mir erzählt haben, daß sie bei uns theater wegen ihres fremdländischen aussehens bekommen haben, sind frauen. eine davon war belinda. ihr vater stammte von einer küste der karibischen see mit ihren schlickfarbenen von megascheinwerfern angestrahlten sonnenuntergängen. noch nie im leben war sie dort gewesen. sie mochte es nicht, wenn man fragte, wo sie denn herkäme, schnitt das thema aber ganz

von alleine an, als ich in ihrer hannoveraner wg übernachtete. in niederbayern zb, da hätte ihr ein typ mal in tiefstem dialekt und du-neger-wissen-schon-ausdrücken versucht zu erklären, daß sie ja wohl zu gar nix weiter tauge, als sie sich in klarstem hochdeutsch, ihrer muttersprache, nach dem weg zum bahnhof erkundigt hatte. es war diesem bauern unverständlich, daß jemand den weg dorthin nicht kennen konnte. anstatt sich darüber zu amüsieren, regte sie das ziemlich auf. so und ähnlich sei es ihr schon drei- viermal im leben ergangen. ich fand die quote noch erträglich, mir sind auch schon viele idioten begegnet. so kamen wir von hölzchen auf stöckchen. belinda sah phantastisch aus, doch sie war alles andere als eine klischeemulattin, die mit einem planter's punch oder caipirinha, ihre zöpfchen auf unnachahmliche weise sexy um sich herumdekoriert, in einer sambabar vor sich hin strahlte. warum es sich nicht so verhielt, war mir ein rätsel. in zu kühlem klima aufgewachsen vielleicht. nein, sie fühlte sich zu den linken gruppen hingezogen, aß kein fleisch, nicht mal tierische produkte, legte erkennbaren wert darauf, daß männer sie höflich und aufmerksam, ehrlich und direkt behandelten, eher eine bourgeoise etikette als eine des untergrunds.

natürlich erzählte sie das mit dem »unfall« auf der baustelle nicht überall herum. ihr vater hatte vor jahren mit einem nebenbuhler um die gunst einer frau konkurriert. und der gerierte sich als einer, der mit den fiesesten mitteln kämpfte. nach einer weile wurde es belindas vater zu dumm. er zog sich für drei tage zu einer voodoo-zeremonie zurück. knapp darauf kam der rivale bei einem arbeitsunfall ums leben. nun ja, bei einer anklage auf tötung mittels voodoo stünden die chancen des staatsanwalts von vornherein ziemlich schlecht. belinda war die sache trotzdem nicht geheuer. sie fühlte sich mehr nach deutschland gehörig. als sie ihren vater auf die sache ansprach, wiegelte der ab. und sie haderte. aber ich dachte: ein gerupftes hühnchen als tatwaffe, das wär doch mal was. doch wahrscheinlich war das unschuldige tier längst nicht mehr aufzufinden, sondern den klassischen hühnchenweg gegangen, hatte sein schicksal besiegelt, gebraten oder zur suppe ausgekocht. und der tod, der hatte doch auch was. schließlich stand er uns allen bevor.

# Frank Hornung
## Sima Qians Geschichtliche Aufzeichnungen

Was ging
in den Wirren des Erwachens
verloren? Morgendliche
Revolutionen, daraus mein Staat entstand.

In Uniform
stand ich mit den Gefährten
vor dem Tor.

Jetzt ist es Abend, abgewetzte Ärmel
im Licht der Lampe. Ich
schreibe in meinem gefährdeten Zimmer.

# Über die Autoren

NICOLE BERTRAM, geboren 1970, lebt in Köln. Sie arbeitet als Bibliothekarin im Britisch Council, als Journalistin und EDV-Dozentin. Seit 1991 werden von ihr Texte und Beiträge in Anthologien, Zeitschriften und im Rundfunk veröffentlicht. Sie hat soeben die Arbeit an ihrem ersten Roman »Der Kahuna Modus« abgeschlossen.

JOAN KRISTIN BLEICHER ist Medienwissenschaftlerin und freie Journalistin in Hamburg, derzeit wissenschaftliche Mitarbeiterin im DFG-Forschungsprojekt »Fernsehen in den 90er Jahren« am Literaturwissenschaftlichen Seminar der Universität Hamburg. Von ihr liegen diverse Publikationen zur Mediengeschichte, Medienästhetik und zur deutschsprachigen Gegenwartsliteratur vor. Zuletzt erschien »Fernsehen als Mythos. Poetik eines narrativen Erkenntnissystems«, 1999.

WILLI BOCK, geboren 1956, studierte Germanistik und Philosophie. Er ist Verantwortlicher Redakteur für Kommunalpolitik bei der *Abendzeitung* in München.

MARIOLA BRILLOWSKA wurde in Sopot, dem polnischen Las Vegas inmitten der Danziger Bucht, geboren und ist dort aufgewachsen. Mit zwanzig wanderte sie nach Hamburg aus, studierte dort Freie Kunst. Sie zeichnet und produziert seitdem unzensierte Zeichentrickfilme für Erwachsene, malt große Ölschinken, schreibt schweinische Gedichte und Geschichten, zieht mit sechs bis zehn Jungs der *Liv Ullmann Show* durchs Land und provoziert mit ihrer berüchtigten Liebesradiosendung *Las Vegas*. Alles, was sie anfaßt, scheint Anarchie, und man vergißt ihre Stimme nicht.

INA BROX, geboren 1963 in Lauda, studierte Theaterwissenschaft, Italienisch und Philosophie neben einer Ausbildung zur Opernsängerin. Sie lebt als freiberufliche Musikerin mit ihrer Tochter in Berlin und spielt Saxophon bei den *Gabys*.

ZEHRA ÇİRAK, geboren 1960 in Istanbul, siedelte 1963 mit ihrer Familie nach Deutschland über und wuchs in Karlsruhe auf. Seit 1982 lebt sie in Berlin. 1989 erhielt sie den Adalbert-von-Chamisso-Förderpreis, 1993 den Friedrich-Hölderlin-Förderpreis und 1998 das Förderstipendium der Käthe-Dorsch-Stiftung, Berlin. Von ihr erschienen die Gedichtbände »Flugfänger«, 1987, und »Fremde Flügel auf eigener Schulter«, 1994, und die Gedichte und Kurzprosa »Vogel auf dem Rücken eines Elefanten«, 1991. Die Veröffentlichung ihres nächsten Gedichtbandes ist für das kommende Jahr vorgesehen.

TANJA DÜCKERS, geboren 1968 in Berlin, studierte Amerikanistik und Germanistik. Schriftstellerische Tätigkeit in deutscher und englischer Sprache, Redaktionsassistentin bei der *Deutschen Welle TV*. Sie erhielt mehrere Stipendien und den 1. Preis für Reiseliteratur des Westfälischen Literaturbüros e.V. Von ihr erschienen die beiden Lyrik- und Kurzprosabände »Morsezeichen« und »Fireman«, 1996, und »Spielzone«, 1999. Zahlreiche Veröffentlichungen in Anthologien und Literaturzeitschriften. Sie lebt in Barcelona und Berlin.

OSMAN ENGİN, geboren 1960 nördlich von Izmir, Türkei, kam als Zwölfjähriger mit seinen Eltern nach Deutschland. Er studierte Sozialpädagogik. Er lebt als freier Autor und Journalist verschiedener Zeitschriften und *Radio Bremen 2* in Bremen. Von ihm erschien u.a. »Alles getürkt«, 1992, »Dütschlünd, Dütschlünd übür üllüs«, 1994, und »Kanaken-Ghandi«, 1998. Der Kurzgeschichten-Band »Türkischer Münchhausen« erscheint Ende 1999.

ÖZAY FECHT kam 1971 nach Berlin. Sie lebte vier Jahre in Paris und zwei in New York. Sie ist Schauspielerin und Jazzsängerin. Als Schauspielerin spielte sie in ca. 40 Filmen mit, u.a. in »Happy Birthday Türke« von Doris Dörrie. Für ihre Rolle in »40 qm Deutschland« von Tevfik Baser erhielt sie den Bundesfilmpreis als beste Darstellerin. Ihre letzte CD »Antiquated Love« hat sie zusammen mit bekannten Jazzmusikern in New York aufgenommen.

SUZAN GÜLFİRAT wurde 1962 in Malatya, einer Stadt im südöstlichen Teil der Türkei, geboren. Sei dem Abschluß ihres Politikstudiums im Januar 1994 arbeitet sie als Journalistin. Zwischenzeitlich nahm sie an dem Programm »On Air – Mehr Farbe in die Medien« des Adolf-Grimme-Instituts teil, bei dem zwanzig Frauen ausländischer Herkunft oder mit einem Deutschen Elternteil zu Rundfunkredakteurinnen ausgebildet wurden. Zur Zeit arbeitet sie freiberuflich für verschiedene Medien. Sie ist Reporterin u. a. beim Berliner *Tagesspiegel.*

BERNHARD VON GURETZKY, 1948 geboren, lebte bis zu seiner Übersiedlung nach West-Berlin in der DDR. Er studierte Mathematik und Physik, arbeitete als Programmierer und Systemanalytiker und später auf dem Gebiet der mittelfristigen Wettervorhersage an einem Forschungsinstitut und der Künstlichen Intelligenz in der Rüstungsindustrie. Seit drei Jahren liegt sein Arbeitsschwerpunkt im Buch- und Filmbereich.

FRANK HORNUNG, geboren 1967, lebt und arbeitet als Versicherungsangestellter und Lyriker in München. Er veranstaltet Lesungen in der deutschlen Lyrik- und Nachwuchsliteraturszene.

HUNG-MIN KRÄMER, geboren 1965, lebt als Architektin, Autorin und freie Künstlerin zusammen mit ihrem Mann und ihrem Sohn in Köln. Sie studierte Philosophie, Sinologie, Politische Wissenschaften und Architektur in Köln. Sie arbeitete in verschiedenen Architekturbüros, u.a. in Taiwan. Seit 1988 ist sie freie Künstlerin mit Veröffentlichungen, Lesungen und Ausstellungen. Sie ist Mitgründerin des ersten Kölner »Open Mike« und Mitglied des Literaturateliers der SK Stiftung Kultur.

YOUNG-MI KUEN, geboren 1975, ist koreanischer Abstammung. Sie studiert Diplompädagogik, Sozialwissenschaften, Literaturwissenschaften und Geschichte. Sie arbeitet gegenwärtig beim *Tropen Verlag* in Köln.

STAN LAFLEUR, geboren in Windhoek, verbrachte seine Jugend abwechselnd in einer Badischen Metropole und auf Rarotonga. Auf der Basis finanzieller Unabhängigkeit (Erbe) waren ihm leidenschaftliche Beschäftigungen u.a. als Goldsucher, Croupier, Zirkusclown, Beschäler und seit den achtziger Jahren immer wieder als Literat möglich. Die letzten zehn Jahre nahm er aus Flußaffinität seinen Wohnsitz im Rheinland.

MIREILLE ONON ist in Frankreich 1968 geboren, hat in Straßburg ihr Studium der Germanistik und Romanistik abgeschlossen, lebt in Deutschland seit sechs Jahren schreibend und übersetzend.

SELİM ÖZDOĞAN, geboren 1971, studierte Anglistik und Philosophie. Er lebt in Köln, jobbt und schreibt frei für verschiedene Zeitschriften, u.a. für *Cosmopolitan*. Von ihm erschienen bisher die Romane »Es ist so einsam im Sattel, seit das Pferd tot ist«, 1995, »Nirgendwo & Hormone«, 1996, und die Erzählungen »Ein gutes Leben ist die beste Rache«, 1998. 1996 erhielt er den Förderpreis des Landes Nordrhein-Westfalen für junge Künstlerinnen und Künstler in der Gruppe »Dichter, Schriftsteller« und 1999 den Adalbert-von-Chamisso-Förderpreis.

MITHU M. SANYAL, geboren 1971 – ein indisch-polnischer Bastard, in deutscher und englischer Literaturwissenschaft ausgebildet, arbeitet als freie Autorin für *WDR*, *DLF*, *RB*.

LEANDER SCHOLZ, geboren 1969, ist Mitarbeiter des Germanistischen Seminars der Universität Bonn. 1998 erhielt er das Rolf-Dieter-Brinkmann-Stipendium. 1998 nahm er am Ingeborg-Bachmann-Wettbewerb teil. Sein erster Roman »Jungfernpergament« erschien 1995, die Erzählungen »Zwei gegen Einen« 1998.

ILIJA TROJANOW, 1965 in Sofia geboren, wuchs in Ostafrika auf. Er studierte Rechtswissenschaft, Ethnologie und Havarie in München. 1989 gründete er seinen eigenen Verlag. Seit 1993 ist er als Autor und Publizist tätig, lebt und arbeitet heute in Bombay. Er erhielt u.a. 1995 den Bertelsmann Literaturpreis, 1996 den Marburger Literaturpreis und 1997 den Thomas-Valentin-Preis der Stadt Lippstadt. Veröffentlichungen: »In Afrika«, 1993, »Hüter der Sonne«, (Text-Bild-Band zusammen mit Chenjerai Hove), 1996, »Die Welt ist groß und Rettung lauert überall«, Roman, 1996, »Autopol«, ein Internet-Thriller, 1997, »Hundezeiten. Rückkehr in ein fremdes Land«, 1999.

JOSEPH VON WESTPHALEN, geboren 1945, ist freier Schriftsteller. Seine letzten Veröffentlichungen sind »Die bösen Frauen« (letzter Band der *Duckwitz-Trilogie*, dem die hier abgedrucke Episode vom malträtierten Skin und dem lustigen Zigeunerleben entnommen ist.), 1996, und die »Liebeskopie und andere Herzensergießungen eines sehnsüchtigen Schreibwarenhändlers«, 1997. Soeben erschien der ›Ratgeber‹ »Wie man seine Eltern erzieht« und der angeblich *weltweit erste* Roman-Soundtrack »Wie man mit Jazz die Herzen der Frauen gewinnt« – 4 CDs mit Begleitbuch.

JUTTA WINKELMANN, geboren 1949, studierte Bildende Kunst in Kassel und an der Hochschule für Film und Fernsehen in München. Sie arbeitet als Regisseurin und Autorin von Dokumentarfilmen fürs Fernsehen (*Spiegel TV, ARD, BR*). 1969 erhielt sie den Großen Filmpreis von Oberhausen für den Dokumentarfilm »Heinrich Viel«; 1995 die Bronzemedaille auf dem *New Yorker Festival* für den Dokumentarfilm »Der Tod steht ihnen gut«. Von ihr erschien 1996 das Buch »Future Sex« und dieses Jahr in Zusammenarbeit mit Rainer Langhans »Das Harem-Experiment«.

FERİDUN ZAİMOGLU wurde 1964 in Bolu, Türkei, geboren. Er lebt seit fast 30 Jahren mit kurzen Unterbrechungen in Deutschland, seit 1985 in Kiel. Er studierte Kunst und Humanmedizin, ist Mitbegründer der türkischen Literaturzeitschrift *ARGOS*, und schreibt für die *ZEIT*. Mit seinen beiden ersten Büchern »Kanak Sprak« und »Abschaum« wurde er zum Kultautor. 1998 erschien von ihm »Koppstoff«. Das Drehbuch »Kanak Attack« von F. Zaimoglu und Lars Becker und sein Roman »Abschaum« wurden gerade fürs Kino verfilmt. Zur Zeit arbeitet er am Drehbuch für den Film »Kanakster«.

MICHAEL ZÖLLNER, geboren 1969 in Spanien, studierte Germanistik, Kunstgeschichte und Philosophie an der Universität Köln und Freie Kunst an der Kunstakademie Düsseldorf. Er lebt als Verleger und Übersetzer in Köln.

# Quellennachweise

Selim Özdoğan, Am Bahnhof
aus: Mehr (Roman)
© Aufbau Verlag, Berlin 1999

Joseph von Westphalen, Der bestrafte Kahlkopf
oder Lustig ist das Zigeunerleben
vom Autor gekürzt, aus: Die bösen Frauen
(Duckwitz Trilogie, Bd. 3)
© Verlag Hoffmann und Campe, Hamburg 1996